逆境を味方につける

日本一嫌われたサッカー審判が大切にしてきた15のこと

家本政明

平凡社

contents

＊本書に掲載された写真のうち、クレジット表記がない写真は著者提供写真。

はじめに

「家本さんが審判という仕事を通じて得たことをまとめた書籍を出したい」

2022年7月のとある日、平凡社の編集者からこんな内容のメールが届いた。

「書籍か……」僕はしばし考えた。「ぜひともやりましょう。さっそくですが打ち合わせを開きましょう！」と意欲的な返信をすぐに出したかったが、「少し考えさせていただいてもよろしいでしょうか」とやや後ろ向きな返信しかできなかった。

なぜ意欲的な返事ができなかったかというと、僕が歩んできたプロサッカー審判としての人生が果たして書籍になるほどの内容だろうか、人に読んでもらうに値するようなものなのか、という問いが頭の中でぐるぐると回りはじめてしまったからだった。さらに2021年をもって現役を引退し、サッカーの世界には何かしらのかたちで関わっていたものの、試合に出ることはなくなってしまったので、これまでの人生がどこか遠い過去のような気がしていたこともあった。

返事をしなくてはと焦っている僕の眼に飛び込んできたのが、古今東西の偉人たちや経営者たちの自伝だった。僕は現役時代から読書が好きで、とりわけ、自伝はこれと思ったものはほぼすべて読み、大いに励まされてきた。特に試合に出ることができなかったり、家族に辛いことがあったりした時は、彼らが残した言葉は心の支えとなった。

「そうか、僕のこれまでの歩みも誰かの支えになるかもしれない」と思ったのだった。それも偉人や凄腕経営者ではない、不器用で無骨で遠回りをしてきた僕のような生き方のほうがもしかしたら参考になるのではないかとも考えた。何か新しいことが動く時の緊張感が身体の芯から溢れ出てくるのを感じながら「やりましょう」というような内容のメールを送った。

ただ、せっかく書籍を作るからには、単なる家本政明の人物伝にはしたくなかった。僕がさまざまな書籍を頼りにしてきたのと同様、僕の本もそのような存在にしたいという想いが強くなった。だから、経験してきたことを包み隠さず、可能な限りオープンに表現したいと思った。そしてどんな時でも諦めず、夢を叶えるために大切にしてきたことこそが僕が読者の方に伝えられることだと強く感じるようになっていった。ではどうするか。書籍の構成を練るのに、ノートに考えを書き込んだ。そのノートは3冊におよんだ。

2023年初頭の冬、書籍の骨格がようやくできあがった。僕が信じて大切にしてきたことを「信条」という表現で紹介するというもので、最初は30くらいあった信条を絞り込んで15の信条としてまとめることになった。それからエンジンがかかり、一気に書き上げた。15の信条をまとめることは、自分のこれまでを振り返ることにもつながり、よい機会にもなった。

長々とした前置きはここまでにしよう。本書が皆さんのために少しでも役立てば幸いである。

＊なお本書では「審判」と「審判員」というように、「あえて」言葉を使い分けている。審判という役割や存在だけを言う時は「審判」、審判をする人を示す時は「審判員」としている。またどちらでもいい場合は、文脈からどちらかに使い分けることにした。

僕のこれまで

本題に入る前にこれまでの僕のサッカー人生、審判人生を少しばかり振り返りたい。そのほうが家本政明という男が何を考えて、どう生きてきたのかがおわかりいただけるだろうと思うからだ。そして過去を辿ることで、本書で紹介する「信条」がどのような経緯でき、なぜ大切にし続けてきたのか、その理由を掴んでいただくことができるのではないかと考えたためだ。ただ、家本政明についてよくご存知の方は（そんな方はあまりおられないと思うが……）、読み飛ばしていただいても構わない。

「最後」の日

２０２１年12月4日、土曜日。僕は日産スタジアムにいた。２０２１年シーズンの最終節を迎える、横浜Ｆ・マリノス対川崎フロンターレの試合の主審を務めるためだ。すでにフロンターレの優勝が決まっていたものの、マリノスにとってはホーム最終節に加えて得点王争いに決着がつくこともあって、スタジアムはいつにも増して熱気に包まれ、素晴らしい雰囲気だった。

僕は試合に臨む際はそれほど緊張せず、冷静さをわりと保つことができるほうだ。だがこの日は少しだけ気分が高揚していた。なぜなら、この試合をもって現役を引退することが決まっていたからだ。

フロンターレとマリノスはともに日本を代表するクラブで、技術の高さは言うまでもなく、素晴らしいパーソナリティを兼ね備えた選手が揃っている。だから、選手というよりも僕が変なことをしない限り、トラブルは起きず、シーズンを締めくくるのに相応しい試合になるだろうと思っていた。実際、両クラブの選手たちは素晴らしいプレイを繰り広げてくれた。

僕は試合中、選手たちとコミュニケーションを可能な限り積極的に取るようにしている。審判はまんべんなくピッチ全体を見なくてはならないので、自然とピッチの真ん中あたりにいることが多くなる。だからボランチとは特に声を交わす。この日は、マリノスのキャプテンで中盤の要役の喜田拓也選手から「今日は楽しんでいますか?」と声を掛けてもらうなど、選手たちも僕の最終試合ということを意識してくれているのだと実感するシーンがいくつかあったのはとても嬉しかった。

ピッ　ピッ　ピー。

審判人生最後の笛の音がスタジアム内に響き渡った。

その瞬間は正直なところ、「さびしさ」という感情は全くなかった。むしろ、「今日はいつにも増して素晴らしい試合になって本当によかった」という喜びと安心感のほうが大きかった。と同時に僕自身が目指してきたサッカーのあり方が今やっと認められたという達成感もあった。やり遂げたという気持ちとこれからはじまる新しい生活。安堵感と達成感、そして期待感が入り交じった気持ちでピッチを去った。

「異例」の引退発表

ある時期からサッカーの世界をより良いものにしたいと考えていた僕は、審判人生の区切りの付け方も、従来式ではなく、新しい方法を試みていた。

選手の多くは（ほぼ全員と言っても差し支えないだろう）、シーズン終了の直前、もしくはシーズン後に現役引退を発表するケースが多い。クラブや選手などに個々の事情があるのは理解できるが、サポーターにとってみれば、一方的に「恋人」から別れを告げられるようなものだ。「まだできるよ」「もっと見たいよ」「最後に思いを伝えたいよ」など、気持ちの整理がつかないまま選手を送り出すしかない。

そういう場面を幾度となく見てきた僕は、たとえそれが審判でも去るほうも送るほうもきち

僕のこれまで

Photo by J.LEAGUE/Getty Images

2021年12月4日の試合で横浜F･マリノスと川崎フロンターレの選手たちから特別ユニフォームを贈呈された

幼稚園時代。母と幼稚園の運動会に参加。母はどんな時も優しかった

んと心構えができた状態で引退したほうがいいと考えていたし、それがサッカー文化の醸成につながると思っていた。だから僕は引退を審判委員会に伝えた際、「最後の試合からせめて1ヶ月前には現役引退の意向を発表してほしい。無理なら自分のSNSで発信することを認めてほしい」と打診していた。また感謝の気持ちを公式に伝えたかったこともあって、「プレスリリース」を作って発表することも提案していた。実はこれまで審判が引退する時は「プレスリリース」を出すことはなく、僕が審判界ではじめての事例となった。

僕の斬新な願いがなんとか受け入れられ、約1ヶ月間の「猶予期間」ができた。そうしたこともあってか、僕の地元である広島での試合には引退セレモニーを開いていただき、母親を招待してもらった。また、ヴィッセル神戸のホームグラウンドであるノエビアスタジアム神戸やアビスパ福岡のホームスタジアム、ベスト電器スタジアムなどではスタジアムDJの方が場内アナウンスで僕の引退を紹介してくださり、温かいメッセージと拍手をたくさんいただいた。

皆さんの温かな配慮もあったことで、最後の1ヶ月間、レフェリングにより集中することができた。「引き際」をいかに美しく決めるか。よいレフェリングはよいサッカーにつながる。そしてそれは皆が心の底から楽しむことができるサッカーであり、僕が目指してきたことだ。最終的にその願いが実現できたこともあって、「いろいろとあったけれど、たくさんの人がサッカーに魅了される試合を実現することができて本当によかった」という解放感につながったのかもしれない。

両親からの「教え」

僕は自分自身が1度決めたことは納得するまでとことん突き詰めるタイプだ。昔からずっと変わらない。それは両親から事あるごとに「責任感」と「自律性」と「努力と工夫」を求められていたからだろう。

僕は広島県東部に位置する福山市で生まれた。山や川に囲まれた小さな街で朝から晩まで外で遊ぶという典型的な田舎の少年だった。厳格でよく働く父親、いつも笑顔で優しい母親、心の底から尊敬している3つ年上の兄、大好きな4つ年下の弟と僕の五人家族の中でのびのびと育った。兄と弟とは大の仲良しで1度も大きな喧嘩をしたことはない。

両親はともに絵に描いたような真面目な人だったが、「勉強しろ」「あれをやれ」と何かを強制されたことは1度もない。ただ、「挨拶は自分から」「人様に迷惑は絶対にかけない」ということは口を酸っぱくして言われたことを覚えている。そんな風に育てられてきたためか、分け隔てなくクラスメイトや近所の友達と接する少年で、リーダー気質もあって、小学6年生の時には児童会の会長にも選ばれ、小・中学校ではキャプテンも務めた。

両親の教えの中で今もずっと心に刻まれているのは、「1度決めたことは簡単にあきらめず、努力と工夫をしてやり続けろ」ということだ。子供のやりたいことには基本的には口出ししないという方針の両親だったので、この言葉は余計に大切なことだと感じていた。そしてこれは勉強や部活、人間関係や仕事でくじけそうな時、本当に心の支えになった。

「やれば評価される」と確信

小学生の頃、僕は野球少年だった。当時、サッカーは今ほど市民権を得られておらず、ましてや僕が暮らしていたような田舎ではサッカーをしたことがないという人ばかりだったように思う。

そんな野球漬けの生活の中に突如、サッカーが登場したのは、小学3年生の時だった。「かっこいいな。やってみたいな」と、なぜか無性にボールを蹴ってみたい気持ちに駆られ、小学校のサッカー部に入部したのである。現役時代や今でも時々、「家本さんがサッカーに出会ったきっかけは何だったのですか」と尋ねられるのだが、そんなふわりとした気持ちではじめたので、かっこいい回答ができないのである。

走ることが得意だったので、フォワードや中盤を任されることが多かった。部活がある日だ

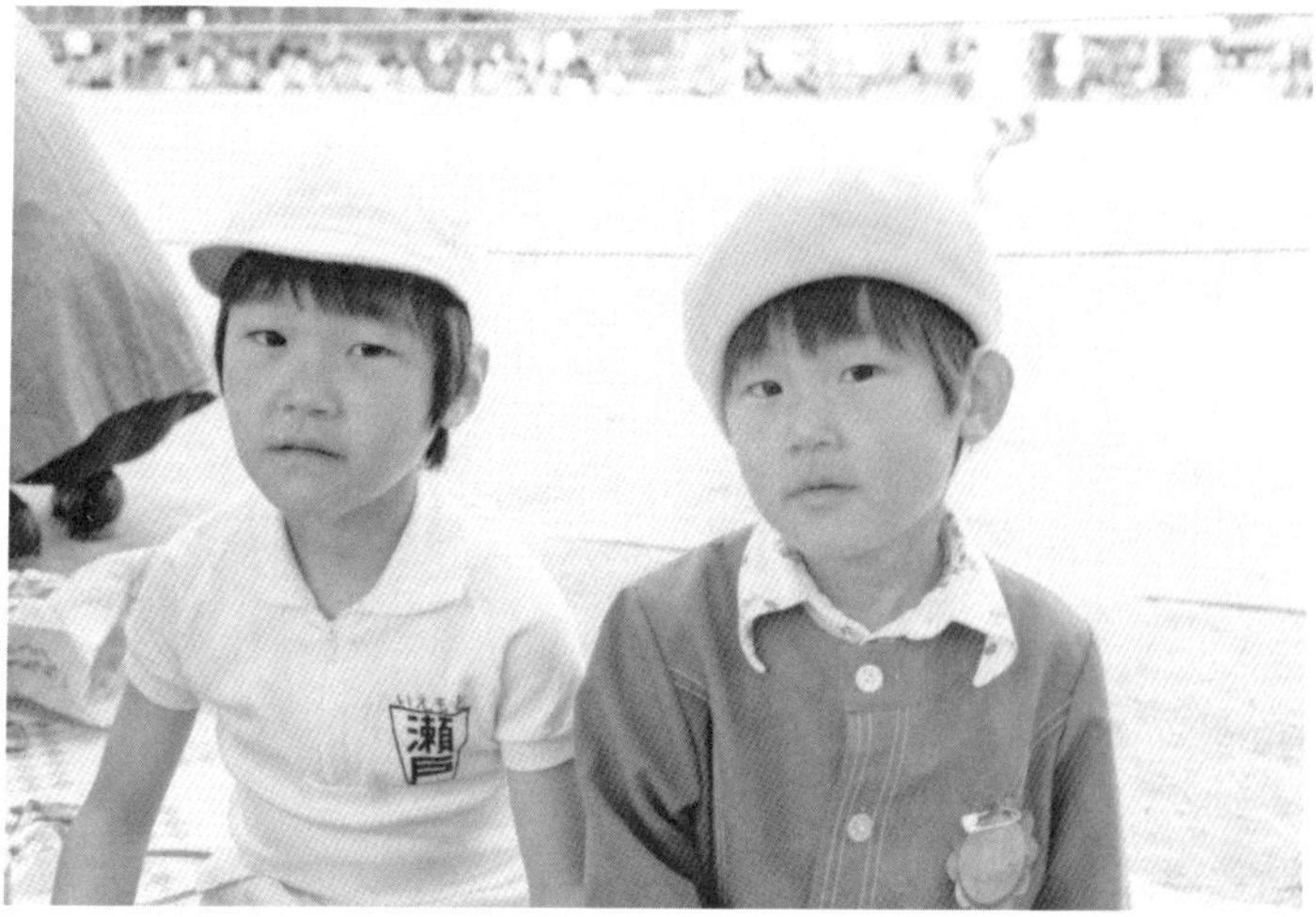

小学校時代(写真右)。運動が大好きな子供だった

ピアノ教室に通ったことも。ただあまりうまくなかった

けではなく、ない日も練習するほどサッカーに夢中になった。よりのめり込む転機となったのは、小学6年生の時に出場した福山市のサッカー大会だった。所属チームが優勝し、さらに僕が「優秀選手」に選ばれたのだった。これは本当に嬉しかった。その時、「やればやるほど評価される」ということを実感し、成長する快感を味わった。

将来は選手として活躍したいと漠然と夢を描く日が増えるようになったのだが、なんと、僕が進学する中学校には「サッカー部」がなかった。むろん、地元にスクールがあるはずもない。諦めようとした矢先、中学校に急遽、「サッカー部」ができるという話が耳に入ってきたのであった。日本体育大学を卒業する方が先生として赴任するという話だった。その新任の先生はインカレで優勝したチームの選手だったので、せっかくだからサッカー部を作ってはどうかということだったそうだ。

もし、この時サッカー部ができていなければ、僕はサッカーから離れていったし、今の僕は存在していない。サッカーの神様には本当に感謝している。

突然の吐血

仕方なく野球部か陸上部に入部しようとしていた僕にとって、サッカー部ができたこと自体がこの上ない喜びだった。だからもっと練習に打ち込むようになり、ウイング、センターバック、スウィーパーなど複数のポジションを任されるようになった。だが、できたばかりの部だったので、全体のレベルは高くなく、市の大会でボロ負けすることもあった。そんな中、中学2年生の時、中国地域の中学選抜の選手になり、全国大会に出場する機会を得た。小学生時代に「やればやるほど評価される」という喜びを感じてきた僕は、選抜選手となることで、信じてきたことが間違っていなかったと確信した。以後、これは僕の支えとなるのだが、余計に無理をしてしまうことも多く、それは時としてあだになることもあった。

中学生になってから、「お腹がちょっと痛いな」と感じる日が増えた。最初はよくある腹痛だろうとしか考えていなかったが、次第にキリキリと痛むことが続くようになった。ちょっとやそっとの風邪くらいでは学校を休まなかった僕もさすがに痛みには耐えることができなくなった。

そして中学2年生の秋、これまでにないほどの痛みが襲い掛かった。「ああ、もうダメだ」と体の内側から込み上げてきたものを我慢できず吐き出した。今まで見たこともないような黒い塊が地面に広がっていった。翌日、病院に行って検査を受けた。「胃潰瘍」と診断された。その頃はすぐに治ると思っていたのだが、僕のプレイヤーとしての期限は刻々と迫っていたのであった。

「審判」との出会い

僕が中学生だった1986年、メキシコでFIFAワールドカップが開催された。普段はあまりテレビを観なかった僕もこの時ばかりはテレビにかじりついて超一流選手たちが繰り広げるプレイに夢中になった。ずば抜けた「個」の力を持ち、リズミカルに愉しむようにボールとたわむれるマラドーナ。惚れ惚れするほど様々なパスを出し、第1級のプレイメーカーのプラティニ。そしてすべてが天才級のジーコ……。試合というよりも、壮大な「舞台」を鑑賞しているような、そんな高揚した気持ちになった。

そのような中、僕はある日本人の活躍に衝撃を受けた。その方は高田静夫さんだった。高田さんは読売フットボールクラブのMFとして活躍したのち、国際審判員となり、日本人ではじめてFIFAワールドカップの主審となられた方だった。スペイン代表対アルジェリア代表戦での高田さんの凜とした姿に心が奪われた。

「選手ではなく審判として世界最高の舞台に立っている人がいる。日本代表チームは出ていないのに。これって本当にすごいな」――。

ただ、その時はまだプレイヤーとして活躍することを夢見ていたので、審判になることにはまったく関心がなかった。

同志社大学を受験

高校でもサッカーを続けたかったので、地元の福山葦陽高校に進学した。相変わらずサッカーに打ち込み、続けていきたいという気持ちはあった。しかし、そんな僕の気持ちとは反対に、身体は悲鳴を上げていた。1度は回復した胃痛と吐血が再発したのだ。そんなコンディションもあって当然ながら、次第にメンバーから外れる日も増えていった。

全力でプレイすることができなくなった僕は高校3年生のインターハイ県予戦を最後にサッカー部を辞めた。それからは「人の身体」について興味を抱いていたこともあって理学療法士になるべく、机に向かう日々が続いた。そんなある日、担任の先生から呼び出され、「同志社大学を受験してみないか」と声が掛かった。理学療法士を目指していたので、先生の誘いには戸惑った。また私学なのでそれなりにお金がかかることも不安だった。

一方で、サッカーに打ち込んできたことが評価されるのであれば記念受験として受けてみるのもいいか、という気持ちもあった。また有名私大なので僕が受けても受かる可能性は低いだろうと思っていた。軽い気持ちで受けたのだが、なんと「合格」。

なぜ僕が受かったのか未だに謎ではあるが、サッカーと勉強に手を抜かなかったことが評価されたのは素直に嬉しかった。

「4足」の草鞋

「もう1度純粋にサッカーを楽しみたい」。情熱と希望を持って入部した同志社大学体育会サッカー部だったが、入部して2ヶ月も経たないうちにまたしても吐血した。しかもこれまで以上の吐血量で、色も黒ではなく赤味がかっていた。

「これはまずい……」

直感的にそう思い、友人と京都市内の病院に向かった。

「悪いことは言わない。もうやめたほうがいい」

ドクターは冷静な顔でそう言った。僕は目の前が真っ白になった。

プレイはできなくても「サッカーと関わっていたい」という気持ちもあり、高校時代に少しだけ経験した審判の資格を取得し、4年間、審判として在籍することになった。

プレイヤーの道が閉ざされたこと、大学で学ぶ意味も見出せなかったこともあって、理学療法士の道を再び考えるようになった。本当のところは、大学を辞めて理学療法士の学校に行きたかったのだが、推薦で入学したので自主退学は難しいということ、費用や場所、大学との両立、審判とバイトという4つも同時にこなす負担や条件を考えて、理学療法士の学校ではなく、カイロプラクティックの学校との両立を目指した。私学に送り出してくれた両親にこれ以上負担を掛けたくなかったので、授業料は自ら捻出するしかない。しばらくの間、入学資金確保のため、いくつかアルバイトを掛け持ちする日々が続いた。京都という場所柄、小料理屋さんでのアルバイトは楽しく、また賄いも美味しくて貧乏学生にとってはありがたかった。

いよいよ大学3回生の時、資金も貯まったことで、カイロプラクティックの学校に入学。大学と専門学校の授業と審判活動とアルバイト、と遊ぶ暇などないほど忙しかった。この間、「1度決めたことは簡単にあきらめず、努力と工夫をしてやり続けろ」という両親の教えを幾度となく反芻《はんすう》した。思いがけず入学した同志社大学時代は非常に充実した四年間だった。

「プロ」の世界

1991年、Jリーグ(日本プロサッカーリーグ)が創設された。その5年後にはその当時住んでいた京都で初のJリーグのクラブ、「京都パープルサンガ」がJリーグに加入した。ちょうど大学4年でそろそろ就職活動をと考えていた矢先、京都パープルサンガを含め、数クラブから声を掛けていただいた。

その当時、Jリーグの方針の中に各クラブで審判を養成しなくてはならないという方針があった。選手から審判員になる人と、外部で経験を積んでからクラブに入る人がおり、僕は後者の部類になる。

京都での生活が好きだったこともあり、京都パープルサンガに入社した。最初は現場のマネージャーとしてチームを管理する部署に配属された。その後はチーム管理、試合運営、経営推進室の責任者を兼務した。同時に3つの部署の責任を負うのは本当に大変だったが、おかげでいろいろなことを学ぶことができた。スポンサー企業や自治体との折衝などを経験することで「社会のイロハ」を叩きこまれた。

クラブの一員としての仕事にやりがいを見出していたのだが、審判の仕事との両立がしだいにきつくなってきた。クラブ職員としてのメインの仕事は試合が開催される土日だ。一方で、試合が行われるとなると、審判員も必要になるので、審判の仕事も土日、という具合に両方の仕事がバッティングするのである。審判を育てる方針で僕を雇ってくれたといっても、クラブの仕事よりも審判の仕事を優先するのは社内の仲間に対して申し訳ない気持ちでいっぱいだった。

1996年に全国最年少で1級審判資格（当時）を取得したものの、クラブの仕事との兼ね

京都パープルサンガ時代。濃密な会社員時代を過ごした

ネクタイをきちんと締めてパソコンで作業中

合いで6年間も審判活動から遠ざかっていた。すると今度は「審判活動をしないなんて」という声が出てくる。クラブの仕事か、審判活動か。僕にとってみればどちらも本当に大切に思っていたので、1つに絞ることがなかなかできなかった。

しばらくそういう状況が続いていたところ、クラブのほうも理解を示してくれたこともあり、月に1、2回は審判活動ができるようになった。しかし、「2足の草鞋《わらじ》」をいつまでも続けるわけにはいかない。「今しかできないこと」を優先に考え抜いた結果、審判の道を選択。審判活動を続けながら仕事ができる環境を叶えてくれたイベントの運営や警備を行っているシミズオクトに2004年に転職することになった。どちらも中途半端にしたくなかったのでこれまで以上に全力で取り組んだ。

審判としてのトレーニングも毎日していたので、帰宅したらすぐに寝てしまうほど苛酷な日々だった。自分の性格も大いに関係しているのだろう。大学時代の「掛け持ち通学」の時と同じように、自分が納得する限界まで追い込んで目標を掴み取るというほうが燃えるタイプなのかもしれない。

2005年にはプロフェッショナルレフェリー、さらに国際審判員にも承認され、審判1本で生きることを決意した。シミズオクトでの勤務は約1年という短い間だったが、審判と仕事との兼業を許可していただいたことには感謝しきれないほど恩を感じている。

審判は「空気」

現役時代、「なぜ審判になったの?」「選手のほうが楽しいんじゃないの?」というような質問を投げかけられることが多かった。先ほども述べたように、最初から審判を目指していたわけではなかった。病気という自力ではどうしようもない壁にぶち当たり、それでもサッカーに少しでも関わることがしたいという気持ちで選んだ道だった。だから好きなことを仕事にできて幸せ者だと感じているし、「なぜ審判を選んだのか」と聞かれれば「サッカーに少しでも触れていたかったから」と即答する。

「選手のほうが楽しいのでは」という声に対しては全く異論はない。ただ、経験者として言うなら、実は比較するものではなく、喜びも楽しさも、達成感も充実感も、選手には選手の、審判には審判の、それらがあるということをわかっていただけたらと思う。

驚かれるかもしれないが、僕自身は審判という「機能」は基本的に不要だ思っている。サッカーの歴史を紐解けばなぜ審判が試合に必要になったのかわかっていただけると思う。選手たちの間で解決できない事象が起き、第三者が試合に介入せざるを得ない状況が起きたので審判が必要になったに過ぎない。もし、選手全員が確固たる倫理観と自制心を持ってプレイをする

会社員の傍ら、審判の仕事もはじめた頃

ならば、審判は最初から、そしてこれからも不要なのである。

僕の審判に対する見方はもともとこのようなものなので、よい意味で試合中は存在を消していたいと思っていた。だから注目されると「僕を見ないで」「僕に注目しないで」といつも思っていた。

そもそもスタジアムに来るお客さんは審判を観るために来ているわけではない。だからお客さんが審判を気にするということになれば、審判が何かしら「ノイズ」を生み出しているのだ。読者の皆さんの中に、最近観戦された試合の審判員の名前や顔を覚えている方はいるだろうか。「誰だっけ？　覚えていないな」ということだったら、皆さんが観た試合は的確なレフェリングがなされていたということなのである。

できればいないほうがいい。でもいないと困る存在。

僕は審判というのは「空気」のような存在だと思っている。日常生活で空気を意識して暮らしている人はあまりいない。でも空気はないと困る。審判もそういう空気のような存在であることが望ましい。審判は「汚れた空気」になってサッカーを楽しむ人たちを苦しめてはいけない存在なのだ。

「潮時」を考える

ここまで短いながらもこれまでの審判としての人生を振り返ってきた。やりがいもあり、これからもっと面白いことが起きると確信しながら、僕は現役引退をあえて選択した。

僕はこれまで自分が据えた目標に届くようにともがき続けながら成長してきた。だが、その目標を乗り越える意味を見出せなくなってしまった出来事があった。

2016年11月29日、この年の優勝クラブが決定するチャンピオンシップ決勝の第1戦が行われた。対戦クラブは、鹿島アントラーズと浦和レッズ。当時は現在の1ステージ制とは異なり、ファーストステージとセカンドステージの優勝クラブが出場し、年間優勝のタイトルを争った。ともに日本を代表し、熱狂的なサポーターが支えるクラブ同士の戦いということで、僕も十分気を引きしめてキックオフの笛を吹いた。

前半から膠着状態が続き、スコアレスドローで前半を終えた。後半11分、鹿島のペナルティエリア内で浦和の興梠慎三選手が鹿島の西大伍選手によって倒され、僕はPKのジャッジを下した。その後、両チームとも得点を奪えなかったことで試合は浦和の勝利で終わった。

試合後、PKがメディアなどで「誤審ではないか」というニュースが駆け巡った。僕としては

Photo by J.LEAGUE/Getty Images

2008年3月1日のゼロックススーパーカップ（サンフレッチェ広島対鹿島アントラーズ）では退場者3名を出し、審判としてJリーグ公式戦の無期限担当割当停止処分を受けた

2015年7月15日のJ1第2S第2節のヴァンフォーレ甲府対ベガルタ仙台。前半終了間際、残り時間について甲府と仙台の選手に詰め寄られる（写真：報知新聞/アフロ）

下したジャッジに自信があったし、映像を確認したところ問題はなかった。だが「また家本が誤審か」という声は収まることがなかった。そんな状況をみて、僕は会見を開いて「PK判定は正しい」ことを委員長名で公表してほしいと審判委員長に懇願した。「審判員（家本）を守るから大丈夫」と委員長は言ってくれていたものの、一向に動こうとしない。次第に「〝守る〟というのは〝隠す〟ことなのか」と怒りが込み上げてきたとともに、審判組織の旧い体質に落胆するしかなかった。案の定、事態はさらに悪化した。

その1週間後には埼玉スタジアム2002での第2戦が待っていた。実はその当時、浦和の何人かの選手たちとSNSでつながっていた（浦和の選手だけではなく、他のクラブの選手ともつながっていたことをきちんと言っておく）。あくまでもパーソナルなつながりであり、試合などに影響するものではなかった。しかし、「家本は浦和の選手と親密だから浦和贔屓《びいき》のジャッジをした」という報道が流れはじめたことで、浦和の選手を含め、すべての選手たちにダイレクトメールで「ごめん。SNSを閉じるね」と送り、SNSを閉じた。根も葉もない報道で個人同士のつながりが絶たれる……。人間関係を容赦なく壊すメディアには呆れるほかなかった。

不信感はさらに募るばかりだった。なんと第2戦の担当審判員名がリークされたのだ。前代未聞のことだった。どこが情報を漏らしたのかはわからないし、その本当のところを今さら僕は知りたくもない。ただ、多くの人の夢を叶えるためのJリーグ、それも優勝決定戦でそのような事態が起きてしまうということを考えると大変悲しい気持ちでいっぱいになった。

「フェアプレイって何だろう」

「審判委員会は何を守ったのだろう」

「サッカーの魅力って一体何だろう」

日本のサッカー界は堕ちるところまで堕ちたと思った。そして日が経つほどに自らの「潮時」ばかりを考えるようになっていった。

「審判」の日

信じていたものが信じられなくなった時、人は自分を見失うようになる。この出来事があってから、僕はサッカーだけでなく、自分の人生さえも楽しむことができなくなっていた。その翌年（２０１７年）は生気を完全に失った「抜け殻状態」で審判をしていた。あんなに楽しくてやりがいを感じていた審判業が苦痛でしかなく、「サッカーの神様がお前はもう辞めたほうがいいって言っている」と自らを信じ込ませようとする僕がいた。

そんな僕にサッカーの神様は2度目の「お仕置き」を与えたのだろう、悪い流れは自分で断ち切らない限り、次から次へと襲い掛かってくるのだと痛感する出来事が起きたのである。

2017年8月16日。この日は明治安田生命J2リーグ第28節、FC町田ゼルビア（以下、町田）対名古屋グランパス（以下、名古屋）の試合が行われた。試合序盤から互いのチームが得点を取り合う拮抗したゲーム内容で、観ている方にとってエキサイティングな試合だった。

後半44分。名古屋のMF青木亮太選手が相手DFの裏を取り、ゴールめがけて走り出した。すると町田のDF深津康太選手が青木選手の突破を止めに入った。その行為をみて僕は「レッドカード」を出した。レッドカードを受けた選手は1度はおとなしくフィールドを離れたのだが、混乱の最中に静かにフィールドに戻ってきたのだった。退場者を見失った僕はパニックになった。審判仲間に聞いても「わかりません」、名古屋の選手に聞いても「ごめんなさい。わかりません」、町田の選手に聞いても「知らない。協力しない」と言われるだけだった。100%退場のケースなので、誰かを退場させないとゲームの公平性が失われてしまう。その後、わからないなりに協議した結果、「(関係のない)平戸太貴選手ではないか」という結論になり、本人に確認した。当然、平戸選手は「僕はやっていない」と答えるので「僕もあなたではないと思っているし、退場させたくない。だから本当のことを話してほしい」と懇願したが、彼の口が開くことはなかった。申し訳ない気持ちしかなかったが、悔しさを全身で表す平戸選手を僕は退場させた。

ただ、事実を知っておきたかったので、試合を再開してすぐ第4審判に、「本当は誰が退場者なのか運営担当に確認して」とお願いしたところ、平戸選手とは別の選手であるという情報を得た。試合終了後すぐに、本人にそのことを伝えた。「すみませんでした」と一言だけ彼は答えた。その後、町田の監督、GM、実行委員のところへ自ら向かい、状況を説明し、深くお詫びし、平戸選手に心からのお詫びを伝えてほしいとお願いをした。

この「過ち」によって、僕は2試合の割当停止処分を受けた。しかし、そんなことよりもあの時、自分のいたらなさでプレイする喜びを奪い、不快な思いをさせてしまった平戸選手をはじめ、たくさんの方々に直接お詫びできなかったことは悔やんでも悔やみきれない。

糸が切れた凧のようにフワフワとした状態で試合に入ってしまった僕がいけなかった。そんな僕に対し、サッカーの神様は容赦なかった。

「ちゃんとけじめをつけよう」

迷いはなかった。

「覚悟」を決める

実はこの試合の3日前、妻が流産をしていた。個人的な理由なのであまり言いたくはないのだが、大切な家族を失って落ち着かない気持ちで試合に入っていたことは確かだ。

過去は変えられないが、冷静に考えれば試合前日でも主審の仕事がまともにできないと伝えて担当を外れるべきだった。そういう判断力のなさ、正しい見極めができないほど自分を見失っていた時点で僕はすでに「終わっていた」のだ。

ただ、このままでは終われないと思った。いろいろと考えた結果、ここで逃げるように辞めるのではなく、もう1度自分を奮い立たせて、もう3年間、日本のサッカー界の発展に全力を尽くし、もう1度自分を創り変えることを決断したのだった。

それからはレフェリングだけではなく、サッカーについて学び直すことから再スタートを切った。サッカーの歴史だけではなく、心理学や古典、行動経済学など「何もそこまでやらなくても」と言われるくらい学び直した。

審判以外の世界に目を向けたことが功を奏し、2018年は安定したレフェリングができた。そのパフォーマンスが評価されたのか、2019年にはシーズンの前哨戦となる富士ゼロックススーパーカップの主審を再び任されたのである。

僕にとっての「リベンジマッチ」は心構えもレフェリングもそれまでとは全く違うものになっていた。その時、はじめて心から、

「サッカーってやっぱり最高に楽しい」「レフェリングってこうあるほうがいいよな」

と新しいチャレンジに手応えを感じていた。

そしてそれからは、次第にサッカーや審判といった枠を超えて、「自分が世の中に貢献できることは何か」「どうすればもっとたくさんの人を笑顔にできるのか」ということまで考えるようになった。すると、「審判という仕事を超えてさまざまなことにチャレンジしたい」という新たな目標がおぼろげながら見えはじめるようになっていった。

そんな風に感じることができるようになった頃が本当の「引き際」だと思った。

そして2021年11月。僕の引退が正式に発表された。


世の中には僕以上に過酷な状態に置かれ、修羅場を乗り越えてきた人、今なおもがき苦しんでいる人はごまんといる。僕の苦しみは僕の未熟さやいたらなさが生み出したものであり、皆さんにとってはスケールが小さいかもしれない。

しかし困難に遭遇した時、なぜそれが生じたのか、まずはその意味を考え、目的を明確にし、どうやって克服するのか考え抜く。そして挑戦と失敗と改善を繰り返しながら、1つずつ着実に乗り越えていくことで今日までやってきた。また、困難を乗り越えることで新たに見えてくるものがあるということもわかった。

もちろん、何もトラブルなく、ものごとが順調に進めばそれに越したことはない。だが何かしらの事態が起きてしまうのが世の中だ。だからこそ、苦境に直面した時に揺るがない自分でいること、すなわち自分なりの「信条」を持ち続けることがいかに大事かということを、僕はサッカーと審判を通じて学んだのである。

次章から苦しみやもがきの中から自分なりに見出した僕の「信条」を紹介したい。そしてこれらの信条が少しでも皆さんの役に立つことを願っている。

Photo by J.LEAGUE/Getty Images

2021年12月4日、日産スタジアムで多くのサポーターからねぎらいの言葉をもらった

夢を鮮明に思い描く

信条

僕にとって夢やビジョンを思い描くというのは、自分と大切な人との喜びや幸せを思い描くことであり、活力の源である。京都パープルサンガで働いていた時、「京都を中心にたくさんの人に愛される、日本で一番魅力的なクラブにしよう」と、たくさんの人の笑顔を思い浮かべながら過ごした毎日はすごく活き活きとしていた。どんなに嫌なことや苦しいことがあっても簡単に屈することなく、仲間と支え合いながら仕事に邁進《まいしん》していた。また、審判の引退を決断した2017年以降、自分が担当する試合に関わるすべての人に「今日の試合は最高に面白かった。また今日のような試合に出会いたいな」と思ってもらえるよう、喜びに満ち溢れた姿を思い浮かべながら、自分にできることに全力で取り組んでいた。

とは言いつつも、京都パープルサンガに入社してすぐの頃は夢など思い描いておらず、何となく毎日を過ごしていた。またプロの審判になった頃はプロになったとはいえ、その先を思い描けていなかったので、迷走して失敗を積み重ねていた。

そのような状態でいると「もっとよくするぞ!」という熱い想いや「夢を実現させるぞ!」という活力が湧いてこない。それでは自分の人生が楽しくなるはずもなく、好転するはずもない。つまらないといった愚痴や、面白くないといった不平不満しか出てこなくなる。

だが、夢やビジョンを思い描くことは容易ではない。そんな時にたとえ夢を思い描けなくても弱い自分に甘えることなく、歯を食いしばって困難に立ち向かい、もがき苦しみながらも毎日を真剣に生きることだ。真剣に生きていると、ある時急に体の内側からエネルギーが湧き出す瞬間がやってくる。そうなると、自然と「こういうことを実現したい！」という熱い想いが自分の内側から溢れ出てくるようになる。

そして「これから何を実現させるのか」と夢を思い描くことができたら、その夢を言葉や図にして具体化することだ。そうすることでしか、夢を実現させることはできない。

僕は2008年に自らの審判スタイルを変え、選手やサポーターやファン、そしてサッカーそのものとの向き合い方を変えた。だが、「夢やビジョンを鮮明に思い描く」という具体化をしなかったために、〝たまたま〟うまくいった試合もあったが、選手をはじめ多くの方を安定的に満足させるレフェリングはできなかった。ようやく思いを安定的に実現できるようになったのは、2017年のこと。「試合が終わった時に、喜んでほしい人たちの顔の表情や声色、その場の雰囲気や温度感が鮮明になるまで徹底的に言語化して、それを実現させる方法を具体的に考えよう」と思ったのだった。

その後、自分が実現させたいビジョンとミッションをより鮮明にし、それを実現させる方法を定性面と定量面から具体的に考え、パフォーマンスを評価する指標を独自に考案して、客観的に自分を評価するようにした。さらに毎日寝る前に自分を内省する時間も作った。しばらくして、多くの人がサッカーを心から楽しめる試合を安定的に実現できるようになった。

人には、自分が思い描いたレベルのものを実現させる力がもともと備わっていると思う。だから、どんな夢やビジョンでもその人次第で実現することができる。そのためにはやりたいことを思い描くだけではなく、それらを言葉や図にして細部に至るまで鮮明に描くことだ。

信条 1

心の中の「小さな自分」に問いかける

僕は何者だろう。夫であり、父親でもあるが、「日本一嫌われた審判」であり、その一方で、「日本一愛された審判」でもあるそうだ。今は審判界から離れ、フリーで仕事をしているので何の肩書もない。僕は昔から考えることが好きなのだが、つい頭の中でごちゃごちゃ考えすぎて、わけがわからなくなることがある。そういう時はいったん考えるのを止めて、心の中の「小さな自分」に問いかけるようにしている。

「お前は何者になりたいのか」
「お前はどうありたいのか」
「お前はありたい自分になれているのか」

などというように。

中学校に入学した直後、僕は上級生に目をつけられた。何が気に食わないのかわからなかったが、その人にとっては僕の存在が許せなかったのだろう。校舎の裏に呼び出されて集団でボコボコにされたし、校内や通学路でもその上級生に見つかると、殴る、蹴る、罵られる、の日々を過ごしていた。僕は逃げも隠れもせず、彼らの暴力を黙って2年間受け続けた。そんな僕の唯一の心のよりどころはサッカーだった。サッカーをしている時だけは、いじめられている悔しさや苦しさを忘れることができた。その上級生が卒業したことでいじめはなくなったが、あの頃僕を助けてくれる人は誰もいなかったし、心配かけたくなかったので親にも言わなかった。ただ心の中の「小さな自分」だけが頼りで、「小さな自分」に「なぜ自分はいじめられるんだろう」「自分の何が悪いのだろう」と問いかけ続けた。当時はそれらの答えは見つからなかったが、

「人を平気で傷つける弱い人間にだけは絶対になるなよ」

「理不尽なことに負けない強くてしなやかな人間になれよ」

「人の心の痛みがわかる温かい人間になれよ」

と、心の中の「小さな自分」が僕に訴えかけてきた。そしてその日以来、強くしなやかで温かい人間になることを目指した。

それから十数年後、数多くの誹謗中傷や攻撃を現場で、メディアで、ネットの世界で受けてきた。何度も心の中の「小さな自分」が悲鳴をあげ、消えたいと訴えかけてきた。だが心の中の「小さな自分」のおかげで自分を守ることができた。そして何よりも支えてくれる心温かい人たちのおかげで、自分を変化させながらより良い審判員を目指すことができた。

自分は何者か

「僕は何者なのだろう」――。はじめて真剣に向き合ったのは、2008年のゼロックススーパーカップのあとだった。審判アセッサー（評価者）からの「評価」は良かったものの、審判関係者以外の「評判」は最悪だった。そんな僕に言い渡されたのは、「無期限の活動停止」だった。目の前からすべてが消え去り、想像を絶する暗黒の世界に転がり落ちていった。

それまでは、わりと自分の人生も審判の仕事もうまくいっていたので、自分自身に対して真剣に向き合うことはあまりなかった。そんな僕に、「サッカーの神様」は活を入れるために、無期限の活動停止という試練を与えてくれたのだろう。華やかなサッカーの世界から一転、暗黒の世界の住人になった僕は、

「審判員の本当の役割は何なのか」

「誰のために、何を実現させるために、審判員をしているのか」

「ゼロックス杯でのレフェリングが自分の目指す方向なのか」

など、それまでのジャッジを振り返り、また目指すレフェリングの方向性について考えた。

さらに、

「自分はいったい何者なのか」
「自分の何で社会に貢献するのか」
「誰を、どういう方法で幸せにするのか」

など、生き方について改めて考える問いに至るまで、答えがあるようでないような問いについて来る日も来る日も考えていた。ひとりで考えても埒が明かないので、古典や世界中の名著と言われる本を手当たり次第に読みあさった。

無期限の活動停止になった僕は、師と仰いでいる夏嶋隆先生のもとで修行をしていたので、朝から晩まで夏嶋先生とサッカーの話から本の話に至るまで、いろいろな話をした。ある時夏嶋先生は、今後のことで悩み苦しむ僕に対して静かに、そして力強く語りかけてくれた。「自分が何者か」の答えは人によってそれぞれ違うこと、他人の答えが僕に当てはまるとは限らないこと、そんな飾り物の答えに何の意味もないという内容であった。そして使命や目的を持って生まれてくる人はいないこと、だから人は悩み苦しむことも教えてくれた。

視点を変えてみると、何者になるか、自分がどうあるかは、誰もが自分で自由に選べ、決められるということなのだ。誰かに決められた人生に疑問を持つことなくただ黙って生きていくのか、それとも悩み苦しみながらも自分の人生を自分の力で切り拓いていくのか、どうするかはすべて自分次第ということに夏嶋先生と話をして気づくことができた。

僕はその日以来、自分の外に答えを求めるのをやめ、自分の中にいる「小さな自分」に問いかけ続けることにした。

「自分はどういう人間になりたいのか」

「審判員は何のために存在するのか」

「選手も観客も審判員もサッカーを楽しめるレフェリングとは何か」

などと、次々に浮かんだ問いを思いつくままノートに書き出し、自分なりの考えや目指す姿を書き綴っていった。その結果、

「ありたい自分」と「ありたくない自分」

「なりたい自分」と「なりたくない自分」

「やりたいこと」と「やりたくないこと」

がおぼろげながらも見えてくるようになった。できるかどうか、なれるかどうかはわからない。だが、自分が出した「こうありたい」「こうなりたい」を思い描くと、不思議と自分の内側が次第に熱くなっていくのを感じた。そして大切なのは「自分は何者なのか」の答えを探し求めるのではなく、「自分は何者になるのか」「自分はどうあるのか」を自分で選んで、決めて、そうなるよう最善を尽くすだけ、ということがわかったのだ。

自分と向き合う

僕は自分が何者になるにせよ、どうあるにせよ、自分が大切にしている価値観に反した人間にはなりたくなかった。そこでサッカーや審判員という枠だけではなく、より視野を広げて自分自身と深く向き合うことにした。自分自身のサッカー観や審判員としての方向性は、自分は何者になるのか、どうあるかが明確になってから問うことにした。

まずは、次の5つを自分に問いかけた。

・自分はどういう大事を持っているのか
・自分はどういう願望を持っているのか
・自分はどういう特徴を持っているのか
・自分はどういう関係を持っているのか
・自分はどういう環境にいるのか

これらをもとに、僕は「家本政明」という人間を広く、深く探求していったのだが、その際に気をつけていたことが2つあった。1つは「自分の頭の中にあるものを可視化する」こと、もう1つは「自分を変に評価しない」ことだ。

可視化に関していうと、物事を頭の中だけで考えると、物事を広く、深く、面白く考えられない。それを防ぐためには、頭の中にあるもの（ぼやっとした言葉やイメージなど）を一旦紙の上に書き出して、言語化、図式化、構造化させて目に見える状態にする。可視化することで、より深い考察や理解、新たな気づきを得ることができるようになるのだ。

たとえば、僕は「判定の正しさ」を若い頃はなによりも大事にしていた。だが、それだけでは皆にとって望ましい試合を実現させることはできなかった。だから頭の中にある自分の考えや実現させたい世界観を言語化し、図式化した。そうすることで、それまで見落としていた「相手の納得感を大切にする」ことや「選手と良好な関係を築く」ことの大切さに気づくことができた。

あるいは、2000年頃の審判界は、「毅然さ」や「厳格さ」を大事にしていた。だが、それで上手くいった経験があまりなかったので「この方法で自分も試合も本当に良くなるのか」と自分に問いかけ、その解を可視化させた。その結果、「必要に応じてコミュニケーションを取る」「状況に応じて柔軟に対応する」「時と場合によって笑顔で対応する」ことが大事だという結論に達し、自分を変えていった。

人は何かにつけて自分を評価し、変に決めつけ、周りの「自分評」に引っ張られるところがある。

たとえば、僕は審判員としての評判は最悪だったが、それはある一部の人にとっての評価であって、世の中すべての人ではない。もちろん部分的には嫌われるところがあるにせよ、だからといって自分のすべてが評価されているわけではない、ということなのだ。

自分を変に評価せず、ありのままの自分を受け止めることはとても大切なことである。「無期限の活動停止」が言い渡されても、「日本一嫌われた審判」と言われても、僕は僕であり、世界に唯一の素晴らしい存在なのだと思えた時、暗黒の世界から這い上がれるかもしれないという希望が見えはじめた。

自分の「大切」と向き合う

人は誰でも大切にしているものや考え方がある。世間一般で言う「価値観」だ。たとえば、困っている人がいたら助ける、嘘はつかない、時間は守る、人に会ったら挨拶する、迷惑をかけたら謝る、といったものだ。価値観はその人の過去の経験や環境によって作られ、何かを決める時の判断基準や自分の人生を方向づける羅針盤にもなる。あるいは、趣味や嗜好、性格、人間関係にも影響を与える。

京都パープルサンガに勤務していた頃、試合運営の責任者としてスタジアムに来る方の対応をしていた。何をやってでも勝つことが一番大切と考える人、同じ勝つにしても美しく勝つことが大切と考える人、勝つことよりも面白さが大切と考える人、一体感のほうが大切と考える人など、さまざまな人が来場する。

ある試合でこんなことがあった。西京極陸上競技場のメインスタンドで「なぜ応援を強要されなければいけないのか」ということをきっかけに、試合を観戦していたお客さん同士が言い争いになった。その情報が無線で運営本部に入ってきたのだが、現場のスタッフだけでは対応しきれないということで、僕が対応に向かった。言い争いの内容はこうだ。Aさんたちが周りにいた人たちに向かって「静かに見てないで一緒に声を出したり手を叩いたりして応援しようよ」とうながしたところ、誰も反応しなかったそうだ。その様子を見てAさんたちは「それでもサンガのサポーターか！」と声を荒げたので、Bさんたちが「試合の見方や関わり方は人それぞれで強要されるものじゃない。静かにしてくれないか」と返したことで、言い争いに発展したというわけだ。最終的には和解したのだが、人によって大切としているものは異なること、人の価値観を押し付けられると時には争いに発展することをこの時学んだ。

僕は自分と真剣に向き合うようになって、この価値観というものにより一層興味を抱くようになった。そこで「自分は何を大切にしているのか」という問いを立て、「ABC理論」や「価値類型論」などを参考にして自分の中にある価値観を可視化していった。

自分の願望と向き合う

どんな人でも素直さや誠実さ、優しさが備わっている。だから自分が「そういう自分でありたい」と強く望み、そう振る舞えば、誰でも今すぐそういう自分でいられるようになるのだ。そういう人を見て「偽善者」と言う人も中にはいる。だが、何も気にすることはない。大切なことは、他人からどう思われるかではなく、自分が「どうありたいか」という願望とそうあるための行動だけだ。若かりし頃の僕は、

「困難に負けない精神的にタフな審判員でありたい」

「正しさを追求する実直な審判員でありたい」

という思いが強く、

「選手や熱狂的なサポーターやファンと向き合う審判員でありたい」

という思いはあまりなかった。その結果どうなったかというと、皆さん知っての通りである。スタジアムで方々から批判の声を受け、メディアからも叩かれるという経験をしたことで僕は

自分を見つめ直せたし、過ちに気づくことができた。

　2008年に起きた諸々の出来事を通じ、同じ過ちを繰り返さないために自分のあり方を変え、2017年には「最小の笛で、最高の試合を」を自分の使命とし、選手やサポーター、ファンの方がサッカーを心の底から楽しめる世界を実現させるために「主審・家本政明」を変化させ続けた。

　その時に気をつけていたのが、周りの目を気にして「なりたい自分」や「ありたい自分」を決め、納得もしてないのに誰かが描いた夢や理想像を実現させようとしないことであった。それをすると、途中で心が苦しくなり、意欲が下がって最終的にうまくいかなくなる経験を何度もしたからだ。だから、それだけは全力で避けるようにした。

　会社勤めをしている方からすると、

「そんな自分勝手なことはできない」

「そんなの理想論だ」

と思うかもしれない。僕は現役時代、審判委員会の意に反して自分の志を押し通したことがある。それは2019年のゼロックス杯、僕にとって2度目の〝判定基準のお披露目試合〟の時である。試合の割当後、「今シーズンの判定基準のお披露目試合ではなく、Jリーグ開幕前の『お祭り』として、選手もサポーター、ファンもこの試合に関わるすべての人が『やっぱりサッカーって最高！』と感じられるようなレフェリングをやります。もちろん審判員としてやらなければいけないことはやります。ですが、基準を示すことに特化したロボットのようなレフェリングを求めるのであれば、僕を外してください」と上層部に伝えた。

なぜそのような決断ができたのか。それは2008年のゼロックス杯を経験して、審判員にとって最も大切なことは、選手に競技規則の表面的な部分を押し付けるのではなく、選手やサポーター、ファンをはじめ、試合に関わるすべての人が望む「美しい世界や楽しい世界」へ導くことだと確信したからだ。そういう志を抱いて臨んだ結果、試合後に村井満元Jリーグチェアマンや原博実さんが「最高に魅力的な試合をありがとう。Jリーグはこういう試合をもっともっと増やしたいんだ。」と笑顔で話して下さった。

人は自分次第でいつでも変わることができ、自分以外の誰かの幸せに貢献することで自分の喜びを何倍にもできるということをこの時経験した。とはいえ、何をどうしていいのかわからなくなることもある。そういう時はそっと目を閉じて、「自分は何をしている時が一番心が熱くなるのか」と心に問いかけてみることだ。論理的に考えることももちろん大切だが、同じくらい言葉では表現できない直感の世界に正解が隠れていることも多いからだ。

「他」と向き合う

僕は「普通は特別、異質は宝物」と考えている。自分にとっての普通は他人にとっては「特別」なものであり、他人にとっての異質は自分にとっては「宝物」という意味だ。

たとえば、僕はこれまで国内外のさまざまな会議や研修の場で、臆することなく自分の意見を主張してきた。もちろん相手の意見も素直に聞くし、その上でいろいろな視点から議論することに大きな価値があると思っている。一方で、同質であることにはあまり価値を感じてこなかった。和と同を一緒と考えている人もいるが、和と同は全く違う。なぜなら、和に議論や建設的な批判は存在するが、同には存在しないからだ。

僕の周りには「人から嫌われたくない」という理由で、周りの人に合わせ、意味なく一緒につるむ人たちがいる。「その人たちがすべてじゃないんだから、他に目を向けたら?」と聞くと「他に知り合いもいないし、知らない世界は怖いから嫌だ」という理由で、他に目を向けずに今いる小さな世界に閉じこもる人たちがいる。もちろん個人の自由なので、僕がそれ以上何かを言うことはないが、「もったいない」といつも思っている。

ありがたいことに僕は、高校卒業後、京都、大阪、滋賀、神奈川、東京に住み、47都道府県のすべてでサッカーをすることができた。それだけでなく、アジアを中心に何十という国で主審を担当してきた。だから国や地域によって人の価値観や考えが違うことを知っているし、自分に合わない人や地域が存在していることも経験済みだ。

僕は2005年に国際主審になり、人生ではじめてひとりでカタールに行った。そこで他国からやってきた人たちと一緒に試合をし、生活をともにする機会を得た。日本とは異なる判定基準やレフェリング、サッカーに対する考え方。選手のプレイや戦い方。異なる文化や価値観。はじめて経験した異国の世界はとても刺激的で、魅力的だった。日本で窮屈さや疎外感を感じていた僕は、生まれてはじめて自分の存在が認められた感じがした。自分はおかしな人間ではなく、むしろ〝当たり前〟なんだ。こういう僕でも活き活きと過ごせる世界はあるんだと、この時感じた。

世界はとてつもなく広くて多様だ。現在の環境や人間関係で苦しみ、自分の居場所がわからないと感じている人がいるなら、どうか他の世界に目を向けて行動してほしい。それは別の組織かもしれないし、別の業界かもしれない。日本の別の地域かもしれないし、外国かもしれない。もしかすると、リアルではなくバーチャルの世界かもしれない。自分に合う素晴らしい世界と仲間は世界のどこかに存在しているし、あなたのことを待っている人は必ずいるのだ。

信条 2
「八百万の眼」で物事の本質を観る

広島県福山市の瀬戸という自然豊かな小さな街で生まれ育った僕は、子供の頃は友達と野山を駆け回り、海や川で魚を釣って遊んでいた。自然は時に母のように優しく、時に父のように厳しく僕を育ててくれた。そして時に師のように僕を導いてくれた。自然は変化を恐れない。変化し続けることで命をつないでいる。命には限りがあり、いつか無になる。無はゼロなのか。それとも水が水蒸気に変わるように、姿や形を変えてどこかにあるのだろうか。そんなことを山や海を眺めながら考え、自分なりの答えを見つけるのが好きだった。

僕は、学校の勉強があまり好きではなかった。それは、1つの決まった答えを早く、正確に、数多く答えるだけの〝退屈なゲーム〟に思えたからだ。記憶力や思考力の高い人が「頭の良い人」として評価され、自由に発想したり、変換したり、創造する力に長けた人がもてはやされることはなかった。人の一部分だけを切り取って、それがその人のすべてかのように評価する、そういう学校のあり方に違和感を覚えながらもポイントだけは押さえて、小学校から高校までを過ごした。

ところが社会に出ると、急に正解のない答えを求められ、「物事の本質」を問われるようになる。あるいは状況や条件によっては白寄りのグレーが正解な時と、黒寄りのグレーが正解な時もある。要するに、答えが白か黒とはっきりしたものではなく、グラデーションがかった中に存在しているのが社会というものなのだ。

まさにサッカーの「判定」がこれにあたる。相手を押したかどうか、ボールが手に当たったかどうかはゼロかイチで答えられる。学校のテストと同じだ。ところがそれが反則かどうか、警告や退場かどうかはその時の状態や状況、力の程度などによって決まる。あるいは興奮した選手を諭す時、目に見える表面的な部分にしか意識が向かなければ選手の気持ちを理解することも、納得させることも難しい。そこで重要になってくるのが「八百万《やおよろず》の眼」で物事の本質を観る、ということだ。サッカーとは何か、審判とは何者なのかは、この「八百万の眼」で観ると見えてくるということだ。

「色眼鏡」の存在に気づき、外す

僕はプロの審判員になった頃、自分のパフォーマンスの質を高めるために、試合映像を使ってチームと選手の分析を行っていた。それも対戦するチームそれぞれの直近3試合は必ず見るようにしていた。もちろん、チームの戦術や選手の特徴、カギとなる選手を把握して試合に臨むことはマスト、だ。ここまではごく普通のことなのだが、僕には若干の課題があった。それは「色眼鏡（バイアス）」をかけて試合映像を見てしまうことだ。

たとえば、Aという選手が3節前の試合でイエローカードをもらうような荒いプレイをしたとする。そしてA選手はその次の試合でも同じような荒いプレイを繰り返す。A選手は荒いプレイをする〝傾向〟があるものの、毎節荒いプレイをするわけではない。あるいはB選手は3試合ともプレイに集中していた。だからといって、僕が担当する試合でもB選手が集中して試合に臨むとは限らない。だが、僕は「A選手は問題を起こす選手だ」「B選手は問題ない選手だ」と無意識のうちに思い込んで試合に臨んでいたのであった。

当たり前だが、選手もチームも対戦相手やその日のコンディション、試合状況によっていろいろと変わるものだ。だが僕は「今」を見ているようで、実は前節から3節前までの「過去」にとらわれて試合をしていたのだ。うまくいくはずがない。

そういう僕に、「色眼鏡」と「八百万の眼」の存在を教えてくれたのが夏嶋先生だった。

夏嶋先生は着眼点がとても鋭く、常に部分にとらわれず全体を捉え、決めつけず疑い、表面的なものに惑わされず本質や真理を追求されていた。夏嶋先生と話をしていると、自分の浅はかさや短絡さに嫌気がさしてくるほどだ。

僕が夏嶋先生にいつも言われていたことが2つある。それは「色眼鏡」の存在に気づき、「色眼鏡」を外せるようになること。そしてもう1つが「八百万の眼」で物事の本質を観ることである。人は、誰もが「色眼鏡（バイアス）」をかけていると夏嶋先生はことあるごとに話されていた。知識のなかった僕はそれ以降、人間のバイアスに関する本や論文を読んで少しずつ学んだ。僕が自分の「色眼鏡」に気づくために行っているのが、常に自分を客観的にみること、自分の考えや意見を批判的にみること、そして全体像や背景といった目に見えないものをみようとすることである。こうすることで「色眼鏡」をかけている自分に気づけるようになった。

先ほどの話に戻るが、「A選手は問題を起こす選手だ」と結論づけるのではなく、「A選手には素晴らしい点はないのか、荒いプレイをした時はどういう状況、どういう心理状態だったのか」とみる。そして「B選手は問題ない選手だ」と決めつけるのではなく、「B選手ももしかしたら問題のあるプレイをするかもしれない」というように客観的にみることができるようになった。僕はもう「色眼鏡」を外すことができるようになったのだ。

物事の全体像をみる

若い頃、あまり物事の全体像のことは考えず、気になった部分や表面的なところにばかり意識を向けて、そこがさも「全体」かのように勘違いしてしまうところがあった。それが審判員として、うまくならなかった要因の1つでもあった。

たとえば、サッカーの競技規則第12条には「相手競技者を押さえる」行為はファウルと明記されている。これを厳密かつ正確に適用してしまうと試合は進まなくなるだけでなく、コーナーキックなどセットプレーでも再開できなくなってしまう。もちろん「部分的」には正しいし、規則を守らない選手たちに問題があると言えるかもしれない。だが審判員自身が「木を見て森を見ず」状態に陥っていないか、常に客観的にみる必要がある。

審判活動をはじめたばかりの僕に、サッカーとは何か、審判員とは何かのベースを叩き込んでくれたのが当時、京都府サッカー協会の審判委員長をしていた中道静晴さんだった。中道さんはその頃芸術系の学校の先生で、僕が現役時代に指導を受けた中で一番の〝奇人〟だったが、一番好きな指導者でもあった。僕がまだ3級審判員だった時、審判委員長という要職にもかかわらず、わざわざ試合を見に来てくれたことがあった。試合後に中道さんから指摘されたのが、「もっと試合の全体像を意識しろ」というものだった。

どういうことかというと、サッカーの試合はまるで〝生き物〟のように、流れや雰囲気が刻一刻と変化し続ける。その変化は、選手の心理状態や疲労度、得点、交代、時間、スタジアムの空気感などによって生み出される。あるいは、みんなが考えるサッカーの理想像や競技規則が謳っている目指す姿、その試合が持つ意味やチーム状況というものも全体像に関わっている。審判員がそれらをしっかりと理解しながらレフェリングできるかどうかで、試合内容は大きく変わってくるのである。中道さんからのアドバイスで僕は審判員が持つべき「視点」、つまり、物事を全体で捉える大切さを知った。

だが、審判員がそうした視点を身につけるのは自分自身で意識的に取り組まねばならないのが現状だ。僕はこれまで「全体像を考えながらレフェリングする」という指導と「目の前のことを1つずつ丁寧に積み重ねながら全体を作っていく」という2種類の指導を受けてきた。3級審判員から1級審判員に昇級した頃と2018年にイングランドのPGMOL(Professional Game Match Officials Limited)からレイモンド・オリバーさんがJFAの審判副委員長に着任されてからが前者で、2002年から2017年までが後者だった。自分の経験を踏まえて言うと、僕は後者のやり方は「部分最適」に陥りやすく、「全体最適」を見失いやすいように感じている。たとえて言うならば、家を建てる時に施主からヒアリングもせず、設計図も書かず、大工が目の前にある道具を使って適当に家を建てるようなものだ。安全性や快適さがその家にあるのかどうかは、容易に想像がつくだろう。

僕は物事を俯瞰してみる、構造的にみる、視点を変えてみる、という視点で全体像を捉えようとした。よく言われるように、「鳥の眼、虫の眼、魚の眼(+コウモリの眼)でみる」ことだ。

審判員は実戦形式の練習機会がないので苦労したが、僕は街中や人通りの多い道路で、体を整えたり、思考を鍛えるトレーニングをしたりしている。そうすることで、次第に3つの視点が身につくようになった。

物事の背景や目的をみる

物事には必ず「背景」がある。サッカーは最初から現在のようなルールや形式ではなく、審判員はそもそも存在していなかった。また競技規則もこれほど整理（わかりやすいかどうかは別として）されておらず、目的も時代とともに変化してきた。

2008年のゼロックス杯で「無期限の活動停止」になった時、有り余るほどの時間を使ってサッカーの歴史、スポーツと規律、スポーツ倫理に加え、スポーツになぜ規律が必要なのか、なぜ倫理が求められるのか、サッカーは人々にとってどういう存在なのかといった背景や目的も学んだ。それらを知ることで、サッカーに再び挑戦したいという気持ちが湧いてきた。さらにサッカーだけではなく、何事に対しても背景や目的を意識するようになった。

背景は物事だけでなく人にもある。人はそれぞれ違った背景や物語を持ち、相手の背景がわかるとその人をより理解できるが、背景がわからないとその人のことを誤解し、勝手に思い込むようになる。

たとえば、選手にも背負っているものや目指しているもの、プロになるまでの経緯がある。僕の経験上、そういったことを多少なりとも知った上でコミュニケーションを取る場合と、全く何も知らずにコミュニケーションを取る場合では、コミュニケーションの取り方も声掛けの内容も変わってくるし、結果も大きく変わってくる。あるいは反則をしたとして、なぜそういう行為をしてしまったのかという背景を理解した上で対応するのと、そういう背景には目もくれずに対応するのとでは、選手との関係性や周りに対する影響度が大きく変わってくる。

僕は試合前に、ある選手が直近で誕生日という情報や子供が生まれたという情報を入手できれば「おめでとう」と一声掛けていた。あるいは、試合中に選手がわざと反則をした場合は「わかっていると思うけど、今の反則は良くないよ。反則ではなく、サッカーをしよう」と静かに声を掛けるようにしていた。結果的に反則となってしまった場合は「故意じゃないことはわかっているよ。だけど結果的に相手を傷つけてしまったから反則となるよ」と柔らかいトーンで声掛けをするようにしていた。

選手と審判員は友達ではないので、プライベートの深いところをわざわざ知る必要はない。だが、「人間関係」や「信頼関係」という点では、選手の背景や目的を知っておく、理解しておくことは審判員として大切なことの1つであると感じている。

物事を分解してみる

審判員になりたての頃は「うまい審判員になりたい」という願望を叶えるために、トレーニングをするにもがむしゃらになり、競技規則を覚え、いろいろなカテゴリーの試合をして先輩からアドバイスを受けた。だが、うまい審判員にはなれなかった。審判員の存在意義や役割がわかっていなかったこと、「うまい審判員」の定義、「うまい審判員」に必要な要素と、それはどうすれば高まるのか、という具体的な解決策を打ち出せていなかったからだった。

そこで僕は「うまい審判員」を、次の5つのことができる審判員と定義した。

・選手の気持ちや考えを理解して、選手を伸び伸びとプレイさせている
・選手やチームの特徴を理解して、良さを十分に引き出している
・試合の状況や流れを理解して、その状況や流れに最適な対応を取っている
・サポーターやファンの気持ちを理解して、試合を適切に導いている
・サッカーの競技の精神と審判の意義を理解して、試合の魅力を高めている

さらにこれらができる審判員は、いったいどういった要素を持っているのかを明確にするために「技術、精神、肉体、思考、関係」という視点から必要な要素を洗い出していった。

たとえば「関係」でいうと、伝達力、理解力、共感力、などであり、「思考」でいうと、情報を分ける力、まとめる力、比べる力、深掘りする力、広げる力などだ。あるいは「技術」を例にとって説明すると、選手の行為を「反則か、反則でないか」の二択で考えるのではなく、

- 絶対に反則ではない（反則の可能性0～20％）
- どちらかというと反則ではない（反則の可能性20～40％）
- どちらとも言える（反則の可能性40～60％）
- どちらかというと反則（反則の可能性60～80％）
- 絶対に反則（反則の可能性80～１００％）

というように、５段階で考えるようにした。

それだけでなく、この５つを判断する前段階として必要な考慮事項（たとえば、どれくらいのスピードだったのか、どこがどこに当たったのか、など）を細かく書き出していった。もちろん最終的には「反則とするのか、しないのか」の二択で結論を出すのだが、その前段階をよ

り細かく丁寧に判別するようにしたところ、判定の精度と周囲の納得感は飛躍的に高まっていった。

さらに「うまい審判員」になるために、審判員に必要な要素を追求した。たとえば「精神」でいうと、プレッシャーに押しつぶされないために、ポケットにアロマオイルを染み込ませたティッシュを忍ばせておいて、プレッシャーがかかってきた局面でそれをこっそりと嗅いで自分を落ち着かせるようにした。

こういった具体的かつ小さな努力の積み重ねによって「うまい審判員」に近づき、選手とサポーター、ファンが主役となるような試合を実現できるようになったのである。

具体的にみる、抽象的にみる

僕は2014年までは、物事を論理的に考える力や言語化する力がとても弱かった。それによって抽象的で曖昧な表現が多く、言いたいことを具体的に主張できないだけでなく、相手がおかしなことを言っても「何がおかしいのか」「なぜおかしいのか」を指摘できずにいた。半ば諦めていたところ、グロービス経営大学院で荒木博行講師の「クリティカル・シンキング」を受講したことで飛躍的に改善した。中でも「So what?（だから何）」「Why so?（なぜそうなの)」「MECE(モレなく、ダブりなく)」の3つの視点は僕の大切な「アドバイザー」となった。

大学院では、僕の知らない業界の話ばかりだった。商社や金融、製造業のケーススタディをもとにマーケティングやアカウンティング、経営戦略などを体系的に学んだ。だがクラスメイトたちの商社や金融、製造業に関する話は聞いても聞いても、僕の中ではイメージが湧いてこなかった。

そこで僕が取り組んだのは、物事を「具体化と抽象化」することだった。それぞれの業界の特徴を自分なりに簡単にまとめ、ケーススタディの問題点を明確にして「これってサッカーや審判のことでいうとどういうことなんだろう」と、抽象度を上げて共通点や類似例を探し出して仮説を立てながら理解するようにした。クラスで発表する時は、いつもサッカーや審判のことを例題として発言していたので、皆からよく笑われていた。だが、「具体化と抽象化」を心掛けていたことで、課題や試験は自力でやり抜いたし、無事卒業もできた。

こうして得たことを審判員の仕事でも活かそうとした。たとえば試合の序盤は静かな展開だったが、前半の途中から急に試合(選手)の温度が上がったとしよう。この時に審判員が「何かあったのかな。ま、いっか」としか思わなかったら、その後試合がどうなるのかは容易に想像できるはずだ。だが審判員が「なぜ急に試合の温度が上がった? 原因は何?」「いつのシーン？」「どこの事象？」「誰が何をした、何をされた？」と「Why so?（なぜそうなの）」と「MECE（モレなく、ダブりなく）」で原因を具体的に探っていけば、「なるほど。あれがきっかけで、今こういう状況なんだな。ということは、あの選手とあの選手をマネジメントすれば沈静化するな」といった仮説や具体的な解決策が見出せるようになるということだ。

あるいは「反則の数が増えはじめたな」「選手もイライラしはじめたな」「注意では収まらなくなってきたな」「ポジション争いが激しくなってきたな」というように、「MECE（モレなく、ダブりなく）」で情報を集めて「So what?（だから何）」で考えると、「このままだと素晴らしい試合が実現できなくなってしまう。次のタイミングで試合を止めて両キャプテンに話をしよう」という抽象度をあげた判断ができるようになる。

「物事の本質を観る」ためには、全体や背景、目的などの視点で観ることからはじまる。しかし、人は動くもの、目につくもの、表面的なものに意識をとらわれる傾向がある。だが、そこに物事の本質はない。なぜなら、本質は大抵目に見えないところに存在しているからだ。宝探しをするように、本質探しを楽しんでほしい。

信条3 「誰のために、何のために」を明確にする

人生や仕事、勉強などにおいて、何を目的にするのかは自分で決めることだ。とはいえ、何を目的にすればいいのか迷うこともあるだろう。そんな時は自分の心に尋ねてみてほしい。心が一番ワクワクするもの、一番熱くなることを目的にすれば、自然と手足は動きたくてウズウズしてくるはずだ。そしてその目的が、たくさんの人を笑顔にするなら最高だ。

僕には3つ年上の兄がいる。兄は僕とは正反対のタイプで、知的で穏やかで、1つのことにじっくりと取り組む人だ。僕はそんな兄が大好きで心から尊敬している。

そんな兄とは子供の頃、よく海釣りに行った。自然の海は釣り堀と違い、爆釣はめったにない。たくさん釣れる時もあるが、1日中いても釣果ゼロの時もある。釣れれば楽しいが、釣れないと僕はじっとしていられないので岩場に行って海辺の生き物を捕まえて遊んでいた。

兄はそんな僕を横目に、じっと竿先を見つめてアタリが来るのを今か今かと待ち、餌や仕掛けを工夫して海や魚との会話を楽しんでいた。兄の目的は魚を釣ることで、僕の目的は釣りだけではなく、海で面白い遊びをすることだった。だから魚が釣れなければ、他に面白そうなこ

とや熱中できることを探し続けた。
「お前は本当に飽き性だな」と兄には笑われたが、面白いことや工夫次第で楽しめることは世の中にたくさんあるので気にしなかった。そういう感じだったので、釣果はいつも兄のほうが圧倒的に良く、僕は悪かった。だが、僕はそれでよかった。なぜなら、お互い目的が違っていたからだ。目的が違えば、手段も違ってくる。兄は1つのことに意識を集中させ、僕は多くのことに意識を分散させた。だから僕はたとえ釣果がゼロでも、他のことで目的を達成しているので十分満足していた。

自宅に戻り、母に調理してもらった魚料理は格別に美味しかった。なぜなら、目的を達成した喜びに加え、自分たちが釣った魚のことや今日あったことを話しながら食事をしていたからだった。

目的は定性的に、目標は定量的に

勝ちたい、うまくなりたい、楽しみたい。これらは目的だろうか、それとも目標だろうか。あるいは目的でも目標でもなく、単なる欲望だろうか。ここがはっきりしていない人が実に多いように感じる。

僕は夢やビジョンと目的の関係でいうと、「目的」というのは、夢やビジョンを実現させる意義や理由のことだと解釈している。そしてよく言われる「ゴール」というのは、その夢やビジョンを定量化させたものであり、「目標」というのは、そのゴールを定量化した中継地点だと解釈している。

もう少し話を深掘りすると、夢やビジョンと目的は、定性的なものなので数値化できない。数値化できないということは、具体的に測定できないということだ。具体的に測定できないということは、自分たちでコントロール不可能ということになる。それでは実現可能性や再現性は「天頼み」になる、ということだ。そうならないためには、夢や目的を数値化、数量化させる必要がある。それがゴールであり、目標ということだ。僕はこれまでの経験を通じて、夢の実現は、定性情報と定量情報が組み合わされてはじめて、その可能性と再現性が高まるものだと考えている。

たとえば京都パープルサンガ時代の話でいうと、僕には「京都を中心にたくさんの人に愛される、日本で一番魅力的なクラブにする」というビジョンがあった。その目的は「京都パープルサンガを支えてくれる人たちが幸せになるため、京都の街が元気になるため、そしてクラブで働く人たちが活き活きと輝くため」というものだった。

だがこれでは、いつ、どこで、誰が、何で、どうやって、どれくらいの人を幸せにするのか具体的にわからない。それだけでなく、どれくらいのリソースが必要なのかもわからない。

そこで短期的に目指すゴールとして「1年間のホームゲーム（当時は西京極）来場者総数を18万人にする」とした。さらに「開幕戦は通常よりも予算を15％多めに取って、先着5000名にタオルマフラー、抽選で3名に試合球をプレゼントする」というように、ホームゲームごとに目標を細かく設定していった。実際にはもっと緻密に戦略を考え、収支計画書を作成して試合時や、試合時以外で「京都パープルサンガを日本で一番魅力的なクラブにする」ための施策や活動を行っていた。

審判時代の話でいうと、2017年まではそのような具体的な目標はなかった。なぜなら「うまくなりたい」という小義はあったものの、「たくさんの人の幸せに貢献したい」といった大義がなかったからだ。2017年以降、自分なりに審判としてのビジョンと目的を明確にし、それを実現させるために、具体的な目標を設定した。2019年以降になると「主審・家本」は試合の中から消え去り、選手とサポーター、ファンが主役の試合を作ることができるようになったと思っている。

目的を明確にする

僕はこれまでいろいろな夢を思い描いてきた。だが、その理由や意義をはっきりさせなかったことで、1歩も踏み出せずに立ち消えになったことや、途中で何をしていいのかわからなくなったことがある。目的を明確にしなかった悪影響が自分だけにおよぶならまだしも、自分以外の人におよぶとしたら「心が痛む」だけでは済まされない。

だから僕なりに「どうすればそうならないのか」といろいろ考え、試行錯誤してきた。2008年以降になると自分とサッカーに対してより真剣に向き合ったことで目的を明確にすることの大切さを理解できたし、そのための指標も明確になった。僕は目的を明確にする時に、次の8つを押さえるよう心がけている。

・誰のためにそれをやるのか
・何のためにそれをやるのか
・それは人として正しいのか
・それをやると何がどう良くなるのか、どれくらい良くなるのか
・それをやると何がどう悪くなるのか、どれくらい悪くなるのか
・それをやるとどれくらいの人が笑顔になるのか
・それをやるとどれくらいの人が悲しむのか

・それをやることに対して自分の心は何と言っているのか

この8つの中でも最初の2つ、「誰のために」「何のために」は特に重視している。そしてこの2つを、「人として正しいのか」という軸で判断するようにしている。ただ、残念ながら「人としての正しさは、人によって異なる」というのが実際のところだろう。戦争が「誰かの正義と別の誰かの正義のぶつかりあい」というのは、歴史が証明している。そういうこともあって、僕は古今東西の古典や良書から「人として何が正しいのか」を学び続けている。それによって倫理や道徳を養うことができると信じているからだ。

この8つの中で「最後の砦」としているのが、最後の「自分の心は何と言っているのか」である。なぜなら、8つのうちの7つは、どちらかというと頭で考えるものと自分の中では位置づけている。だが「虫の知らせ」や「胸騒ぎ」といった、自分の頭ではわからない「何か」が意外と明暗を分けることがある。論理的でも科学的でもないが、僕がこの「自分の心は何と言っているのか」を目的を明確にする際の「最後の砦」としているのは、そういう理由からだ。

意義を明確にする

目的を明確にする上で、もう1つ押さえていることがある。それは「意義」だ。意義とは、物事や行為が持つ価値や重要性のことだが、何に価値や重要性を感じるかは人によって異なるため絶対的なものではない。たとえば、寓話「3人のレンガ職人」で言えば、

・1番目のレンガ職人は、目的もなく意義も感じず仕方なく作業している
・2番目のレンガ職人は、お金を稼ぐために作業している
・3番目のレンガ職人は、たくさんの人を幸せにするために作業している

同じ作業をするにしても何に意義を感じ、何を目指すかで人の意欲は変わる。同じ働くなら、夢に向かって働く「3番目の職人」でありたいという訓話だ。

先ほど僕は、目的を明確にする指標（判断基準）を8つあげた。なぜ基準を設けたかというと、目的の意義を判断するためでもある。それをやる重要性や価値は自分にとって、あるいは自分と社会にとってどれくらいあるのかを把握し、選別するために基準を設けているのだ。もし基準がなければ、常に感覚（感覚が悪いというわけではない）で選ぶことになるので、ある時は機嫌が良くて選んだが、別の時は機嫌が悪くて選ばなかったということになりかねない。そういう不確実性を排除して確実性や安定性を保つために基準を設けている。

たとえばサッカーの競技規則にも、何が重要で、何は重要でないかを判別するための基準がある。基準があるから、サッカーはサッカーでいられるわけだ。もし基準がなければ、サッカーは時にラグビーになり、時にアメフトになり、時に野蛮なものになってしまう。

意義を考える時に押さえておきたいのは、人には情と理があるということだ。情とは、物事に感じて起こる心のはたらきや感情のことを言い、理とは論理（考えや議論の筋道）や道理（人として行うべき正しい道）のことだ。どちらかだけを重視するのではなく、バランスを考えながら決断することが大事だ。

一般的に審判界は、競技規則の第1条から第17条が遵守されること、それが適切に適用されることを重視している。それはサッカーがサッカーであるために大切な要素の1つではある。だが、参加する人たちが安全で安心して快適にサッカーを〝楽しむ〟という目的が忘れられ、手段の目的化が起きているように感じることがよくある。競技規則の第1条の前に示されている「The philosophy and spirit of the Laws（競技規則の基本的考え方と精神）」にはこう書いてある。

サッカーがフェア（公平・公正）であるためには、競技規則がなければならない。フェアであることは「美しい試合」にとって極めて重要な基盤であり、競技の「精神」にとって不可欠な要素である。サッカーにおける最高の試合とは、競技者がお互いに、また審判、そして競技規則をリスペクトしプレーすることで、審判がほとんど登場することのない試合である。（中略）ＩＦＡＢ（国際サッカー評議会：International Football Association Board）は審判が競技と競技規則の「精神」に基づき判定を下すよう求めている。これにより、しばしば「サッカーは何を求めているのか、何を期待しているのか」といった質問を投げかけられることになる。（中略）事故が起きてしまうのは致し方ないものだが、競技規則は、競技者の安全や安心・快適さとスポーツがフェアであることとのバランスを取りながら、サッカーの試合ができる限り安全にプレーできるための手助けになることを目指している。であるからこそ審判は、あまりにアグレッシブであったり、危険な行為を行う競技者にしっかりと対応するために、競技規則を用いることが求められている。

審判に求められているのは、競技規則の奴隷でも番人でもなく、「競技の精神」に基づいて試合が「美しい試合」になるよう選手を導くことである。そして「最高の試合」になるよう最善を尽くすことである。審判の存在意義が何であるかを、審判をする人たちは決して忘れてはならない。

自分と組織の目的を融合させる

僕が京都パープルサンガで働いていた頃、支援企業である京セラの哲学、「京セラフィロソフィ」の浸透を図るために、毎日朝礼で稲盛和夫さんの著書を社員が日替わりで朗読していた。稲盛さんの哲学は、後々僕の価値観と思想に大きな影響を与えるのだが、入社当初は強制的に朗読させられたこともあってか、全く僕の中に入ってこなかった。ところが、ある時家にあった稲盛さんの本を何気なく手に取って読んでみたところ、なぜか急に自分の中に入ってきた。中でも「渦の中心になれ」は、僕が最も大切にしている稲盛哲学の1つだ。

その後、クラブがJ2に降格したのを機に、僕は社内改革に動いた。選手やコーチングスタッフをはじめ、クラブで働く人たちの思いと支援してくれている企業や行政、応援してくれているたくさんの人たちの思いに京セラフィロソフィを融合させ、京セラ一色だったクラブを〝サンガ色〟に変えるべく、皆で議論し、これまで陰に隠れていた社員の意見を拾い上げ、クラブの新しいビジョンなどに反映させていった。「京存共栄　感動を、歓びを、スポーツ文化の創造を」やマスコットの「コトノちゃん」はその象徴である。これによって、クラブで働く人たちに自然と当事者意識が芽生えていった。

あるいは、プロの審判員になったばかりの頃の僕は、競技規則の番人のごとく冷血な〝判定マシーン〟のようだったが、幾多の失敗や困難を乗り越え、ようやく自分の審判としてのあり方の歪みに向き合えるようになった。その後、自分が大切にしている価値観と日本サッカー協会のビジョンやバリュー、競技規則に示してあるフィロソフィとスピリットを融合させようと試行錯誤した。その結果、「忘れられない感動と史上最高の喜びを協創する」を自分のビジョンとし、「最小の笛で、最高の試合を」を自分の使命として試合に臨むようになったことで、選手の魅力を引き出しサッカーの魅力を高めるレフェリングができるようになった。

組織に属している限り、誰もが組織の目的やビジョンを無視できないし、当事者意識を持つというのは、口で言うほど簡単ではない。部長経験のない人が部長の気持ちや考えを理解するのは容易ではないし、審判経験のない人がその難しさや大変さを本当の意味で理解することは困難だろう。だからといって、経験しなければ当事者意識を持つことはできないと言うつもりはない。融合は簡単ではないが、良い化学反応が起きるので諦めずトライしてほしい。

目的を戦略的に目標に落とし込む

目的や意義を明確にしたあとは、その目的を達成するための目標を戦略的に設定することだ。

ここを何となく設定してしまうと、目的を明確化させた効果を最大限に活用できなくなってしまう。誰しもリソース（ヒト・モノ・カネ・時間・情報）は限られているので、戦略的に考えることは非常に重要だ。

僕は、2017年の町田対名古屋戦後に引退を決断した。そして自分が掲げたビジョンを引退する3年のうちで実現させるために、5つの目標、「技術的目標」「環境的目標」「関係的目標」「精神的・肉体的目標」「本質的目標」を設定し、それぞれの小目標をさらに掲げることにした。

「技術的目標」
・目標① 反則として笛を吹く数を1チーム10以下にする
・目標② アドバンテージの採用を1試合10以上にする
・目標③ 小ミスは3以下、中ミスは1以下、大ミスはゼロにする

「環境的目標」
・目標① 実質的なプレイ時間を1試合65分以上にする
・目標② 小さな変化に気づき、早めに手を打って未然防止に努める
・目標③ 何よりも選手とサポーター、ファンの安心と安全を最優先する

「関係的目標」
・目標①　選手や観客とのコミュニケーションを1試合50以上する
・目標②　不必要なことで自分に注目が集まることをゼロにする
・目標③　論理と感情の両面から選手とコミュニケーションを取る
「精神的・肉体的目標」
・目標①　すべて「正の言葉」を使い「負の言葉」をゼロにする
・目標②　1試合12km以上走る
・目標③　100％のダッシュをせずにベストポジションを取り続ける
「本質的目標」
・目標①　競技の精神を大切にして臨機応変に対応する
・目標②　判定の正確さよりもみんなの納得感を大切にする
・目標③　自分自身もサッカーを楽しむ

全貌と詳細は割愛するが、このように目標を大きく要素で分け、それを達成する小さな目標を定量的、定性的に設定して具体的に何をやるかを明確にしていった。そして、これらを毎試合後5段階で評価し、達成率を可視化し、どうすれば達成できるのか、達成するために何が必要なのかを分析して次に活かすようにした。もちろん試合は生き物なので、自分ではどうすることもできない力によって目標達成率が下がることもあったが、それはそれで受け止めた。その結果、予定よりも早い2019年には最低レベルの目標は達成できた。その後、新型コロナウイルスの影響とVARシステム導入をサポートするために引退を1年延ばしたが、目標の達成レベルをさらに高める時間に費やせるとポジティブに捉えた。

目的もそうだが、目標設定にとって大切なことは「選択と集中」である。中でも、何を優先するか以上に「何を大胆に捨てるか」が重要だと僕は考えている。10ある力をあれもこれもに分散するのではなく、8から9を大胆に捨てて投下する力を1つか2つに集中させた。そしてもう1つ。完璧にやるのではなく、多少粗くていいのでとにかく完了させることを重視した。この2つによって、僕が掲げたビジョン「忘れられない感動と史上最高の喜びを協創する」は実現したのだと思っている。

早く小さく行動する

本気で夢やビジョンを実現させたいなら、今すぐ立ち上がること。そして、とにかく小さな行動を積み重ねていくことだ。そうしてはじめて、夢はゆっくりと形になっていく。僕はこれまで「何事も千里の道も1歩から、大海の水も1滴から」という思いでやってきた。

よく言われるのが、個人の性格や能力、その時の感情などによって人の行動が決まる、というものだ。あるいは「やりたくない」という思いを正当化するために、できない理由を四六時中考えて自分を正当化するからできない、というものだ。いずれにせよ、夢を実現させるための絶対条件は、「考える」ではなく「行動する」である。なぜなら、どんなに素晴らしい考えを持っていても、意志が強くても、最高の能力やリソースがあっても、夢の実現に向かって1歩を踏み出さない限り、夢に近づくことはできないからだ。

そういう僕も、すべてのことに対して積極的に動いてきたわけではない。さぼりたい時も、怠けたい時も正直あった。特に京都パープルサンガに入社した頃は、志も何もなかったので仕事に対して後ろ向きだったし、プロの審判になってからも同じように志も何もなかったので、前向きな意欲など微塵もなかった。

そんな僕が、京都パープルサンガ時代から1つだけ決めていることがある。それは、相手と何かをやり取りする時は「すぐに、簡潔に、行動する」というものだ。

たとえば仕事の相手から「先日の件はどうなりましたか」というメールを受け取ったとする。その時、すでに自分自身の結論が出ているのであれば、それを即座に伝える。もう少し時間が欲しい、今すぐに答えられないのであれば、その旨を相手にすぐに返す。その際、短い文章でもいい。ただ、メールを送ってくれた相手を敬うことは忘れてはならない。すぐに返信できないということの他に、その理由やいつだったら返信できるのかも併せて伝えるともっとよいだろう。すべてを1度に、完璧に、ではなく、その時の情報を細切れでいいので可及的速やかに相手と共有する。そうすれば相手を待たせることも、イライラさせることも、さらに信頼を失うこともなくなる。

コミュニケーションにおいて大切なことは、相手から投げられたボールは絶対に無視せずキャッチし、すぐさま返すことだと思っている。コミュニケーションがうまくない人やどうしても仕事が滞ってしまいがちな人は相手から投げられたボールをいつまでたっても相手に返さない場合が多い。やるべきことが多かったり、返信メールの内容を一生懸命考えたりしている人もいるということはわかっている。ただ、それでは目の前の物事は一向に進まないし、相手を喜ばせることも、夢を実現させることも難しい。人は理由もわからず、ただ待たされることが得意ではないので（僕がそうである）、ずっと返事を待っている人からすれば、そのような人は

「この人と一緒に仕事をして大丈夫かな」と信用できない人になってしまうかもしれない。1度失われた信用を取り戻すのは容易ではない。

すぐに返事をすることができない理由があらかじめわかっていればある程度は待つことができるし、今すぐに仕事に取り掛かれない場合はその理由を上司に説明することで上司を落ち着かせることもできる。だから僕は、相手から何かを聞かれたらその時点でわかっていることや、その時の状況などをすぐさま、簡潔にまとめて相手に返すようにしている。そして足りない情報があれば、それをいつまでに伝えるか明確にし、できるだけ早く収集して必要としている相手に渡すようにしている。早く小さく行動することは、皆にとって喜ばしいことなのだ。

信条 4 天命を信じて人事を尽くす

審判員は試合に臨む直前に仲間と声を掛け合うのだが、2010年5月24日、ウェンブリー・スタジアム（イングランド）で国際親善試合イングランド対メキシコ戦を担当した時に、FA（イングランドサッカー協会）の審判委員長から「Enjoy YOUR game!（試合を楽しんで！）」と試合前に声を掛けられた時は、「え、エンジョイって……！　楽しんでいいの？」と困惑した。

その翌年の2011年にも海外の試合を担当する機会があった。イングランドのFA CUPのために、2週間ほどイギリスに滞在して数試合を担当した。ある試合の前に副審と第4の審判（いずれもイングランド人）と雑談しながら準備を終え、そろそろ更衣室を出ようというタイミングで僕は、彼らに「All the BEST!（最善を尽くそう）」と声を掛けた。すると、「Masa, 僕たちは何のためにベストを尽くすかわかっているのかい？　僕たちはサッカーを楽しむために、選手や観客にサッカーを心から楽しんでもらうために今ここにいるんだ。ベストを尽くすのは当たり前なんだよ。だから試合前は『All the BEST』ではなく、『Enjoy YOUR（あなたの）game』もしくは『Enjoy OUR（僕たちみんなの）game』って僕たちは言うんだ。もちろん選手にもそう言うよ。僕たちはみんなでこの試合を最高のものにする、そのためにそれぞれがベストを尽くすんだ。そういう思いで試合に臨んではじめてサッカーの神様は僕たちに手を差し伸べてくれるんだ」と笑顔で話してくれた。

試合前は彼らの言う通り、選手たちから「Enjoy YOUR game!」あるいは「ENJOY!」と声を掛けられ、試合後は選手たちから「(Did you) have FUN?」「I really enjoyed today. Thank you, Ref」と声を掛けられた。試合前は「よろしくお願いします」、試合後は「お疲れ様でした」と声を掛け合う日本との違いに若干戸惑いはあったものの、イングランド式のほうが清々しい気持ちになった。何のために最善を尽くすのか。最善を尽くすと何が起きるのか。つい忘れがちだが、決して忘れてはいけないことだと、この時深く理解した。

結果には3つの力が関わっている

僕はこれまでサッカー選手として、サッカークラブのスタッフとして、審判員として、夫として、父親として、大小さまざまなことに挑戦し、数え切れないほどの苦しみや悲しみ、そして喜びを経験してきた。

たとえば、中学生の時にサッカー選手として開花したにもかかわらず、高校生の時は内臓の病気で満足にプレイできず、運命を恨んだこともあった。FA史上はじめて登録外の審判員が担当したFA CUPの主審は素晴らしい経験ができたが自分の実力で勝ち取ったものではなく、偶然与えられた機会だった。2016年のJリーグチャンピオンシップ第1戦は、最善を尽くしたものの魅力的な試合にはならなかった。国際試合での評価は高かったので、ワールドカップやオリンピックのアジア最終予選やACL（AFCチャンピオンズ・リーグ）の準々決勝や準決勝などのタフで難易度の高い試合をたくさん担当させてもらった。

こういった数々の経験が、僕に1つの法則を教えてくれた。それは、結果は「自力×他力×天力」の3つで決まるということである。

・自力＝考え方×気力×動力×改力×能力
・他力＝環境×資源（ヒト・モノ・カネ・時間・情報）
・天力＝運×縁×機会

自力とは、コントロール可能な力のことで、他力とは、自分が良くも悪くも影響を与えたり、受けたりする自分以外の力のことである。最後の天力とは、いわゆる運や人との縁やチャンスのことである。

僕の経験でいうと、この3つの力は並列ではなく、自力を中心にその周りに他力と天力が位置しているのではないかと感じている。なぜかというと、困っている人を助ける、力の弱い人の力になることを地道に続けていると、いつしか協力者が増えて、想像もできない喜ばしいことが起きたことがあった。反対に、自分の行動や工夫が足りないと協力者は増えず、実現させたいことが叶わなかった。だから自力が渦の中心で、その巻き込む力の強さによって他力と天力が引き寄せられる構造になっている、と僕は考えている。

自力をつける、自力を伸ばす

「自力」は、「考え方、気力、動力、改力、能力」という5つの要素で構成されていて、「考え方」がその中心に力強く存在している。すべてはここからはじまり、自分の物事に対する考え方（見方や捉え方）によって気力（熱意や意志）、動力（行動や継続する力）、改力（工夫や改善する力）、能力（先天的な力と後天的な力）がプラスにもマイナスにも働くようになる。その理由は、考え方以外の4つの力は「負（マイナス）」の要素を持っていないが、考え方は「正（プラス）」と「負（マイナス）」の両方の要素を持っているからである。だから、いくら気力や能力を高めて努力や工夫をしても、考え方が負なら結果は必ず負になる、ということである。

たとえば、会社や学校に行く時に雨が降っているのを見て「ああ、今日は最悪（雨＝負と考えている）だ」と思ったとする。すると気力はみるみる弱まり、能力を高めようとする意欲を失い、努力や工夫も億劫になり、憂鬱なまま1日を過ごした経験は誰しも1度や2度はあるのではないだろうか。

気力は熱意や意志のことである。心のエネルギー状態がマグマのように熱く、鋼のように強く、清水のように澄んでいれば高いパフォーマンスを発揮できるし、逆境を乗り越えることもできる。あるいはやると決め、早く動き出せるようにもなる。

動力と改力は、行動の有と無、量と質のことである。どちらか1つだけが良くても夢を実現させることはできない。困難や試練を乗り越える時は、気合と根性で乗り越えるのではなく、動力と改力で乗り越えたいものだ。

能力は言わずもがなだが、夢を実現させるために必要な能力があるのか、どれくらいのレベルにあるのかはとても重要である。ここで大切なことは、自分の弱みを改善させて〝平均〟を取りに行かないことである。なぜなら、大きな夢を実現させた人の多くは、全体的な能力の平均値が高い人ではなく、ある特定の能力がずば抜けて高い人であることが多いからだ。

個人的な感覚だが、日本人の多くは欧米諸国の人たちと比べて自分の長所を伸ばすことよりも、短所の改善や全体的な平均値を上げることを重視する傾向にあると感じる。だが、時間や労力は有限なので、全部よりも一部、短所より長所を高めることに的を絞ったほうが効果は高い。それにいくら短所を改善しても、短所が長所に変わることはないそうだ。

考え方以外の4つの力は、人によって強弱やばらつきがあると思うが、弱いところは強いところで補えばいい。Aという能力が足りなければCという高い能力で補えばいいし、気力や動力、改力で補えばいいということだ。

自慢できることではないが、実は僕は持久力はあまりない。現役当時、最大酸素摂取量（VO2MAX）は53くらいしかなかった。審判の判定の精度はすべてポジショニングで決まる。良いポジションを取るためには動きの量と質が求められるが、僕は運動量がかせげないので、とにかく質を追求した。そのために僕は、〝ここぞ〟という時には必ず15m以内で最適な判定を下せるよう、自分の強みである洞察力や直感力を駆使して動きの無駄を削ぎ落として、常にベストポジションを取れるよう工夫していた。そしてもう1つの強みであるコミュニケーション力をフル稼働させて、判定の納得感や選手の安心感を高めるようにしていた。

実際、僕が1試合でどれくらい走っていたのかというと、国内と国外ではサッカーのスタイルが違うので僕自身の走行距離も違っていたが、僕が使っていたポラールもしくはガーミンの腕時計型測定器の記録では、国際試合では1試合平均12㎞前後、国内では1試合平均11㎞前後だった。ちなみに、世界トップレベルの審判は平均12〜13㎞走ると言われている。

自分を高める、広げる、深める

自力をつけるためには自分を高める、広げる、深めることが大切だ。たとえば、苗木や細木は激しい風雨を受けるとやられてしまうが、大木はびくともしない。なぜなら大木の幹はずっしりと太く、天に届くほど高く伸び、枝葉はどこまでも広がり、根は地中深く伸びて大地を捕まえているからだ。人もこれと同じで、志を高く、知見を広げ、物事の理解を深めていくと、多少の苦難や困難があっても滅入ることなく、豊かで面白い人生を過ごせるようになるのだ。

ではどうやって自分を高め、広げ、深めていくのか。それは自分の心身を鍛えること、新しい知識や経験を積み重ねること、固定概念やかつての成功体験から離れること、などがあげられる。あるいは自分の中にある強欲さや弱さを克服するよう努め、人や社会に対する思いやりを持つことや貢献活動に取り組むことは大切な行動の1つと言えるだろう。僕は何事も自分で判断できる人間になりたくて、学校の勉強以上に徳と教養に関する知識や経験を得ることを大切にしてきた。

これは別に難しいことではなく、道端に落ちているゴミを拾う、困っている人に手を差し伸べる、自分の身なりを整え、言葉使いに気を配る、体を鍛える、新しいことに挑戦する、凝り固まった自分を破壊する、WHY思考で物事を深く考える、HOW思考で物事を広く考える、内省する、継続する、古典を読むなど、誰でもできることをただひたすら実直に行うだけである。

僕の家は決して裕福ではなかった。父は家族のために朝早くから夜遅くまで働き、母も自宅で仕事をしながら僕たちを育ててくれた。そういう姿を見て育ったので、両親に対して愚痴や文句を言ったことはない。むしろ、何か僕にできることはないかといつも考えていたし、何かしらの手伝いや肩もみをして両親を喜ばせようとしていた。

子供ながら不思議に思っていたのが、生活は質素だったにもかかわらず、なぜか童話や歴史、偉人の本がたくさんあったことだ。面白かったので、よく読んでいた。ほかにも、僕たち兄弟は父と母から「勉強しろ」と言われたことは1度もないが、

「人に愛されたいなら、まずは自分の心を美しくしなさい」
「人に大切にされたいなら、まずは自分の言動を美しくしなさい」
「大切な人を守りたいなら、まずは自分を鍛えて学び続けなさい」

といった、人としてのあり方や躾に関してかなり厳しく言われていたことだ。

経験や体験でいえば、家族で島に行ってホテルには泊まらず野宿スタイルのキャンプをしたり、清流に行って川遊びをしたりなど、とにかく自然体験をたくさんさせてもらった。大自然

と触れたことがある人はわかると思うが、自然は一見穏やかで優しい一面を持っているが、時に冷血で予測できない恐ろしい一面も持っている。怪我もしたし、危険な目にもあったが、いろいろなことに挑戦して自分を高める、広げる、深めるための学びや経験をたくさんさせてもらえたことは、大人になってからも大いに役立っている。

自分の立ち居振る舞いを見て他人は動かされる

自力をつける上で、僕がとても大切にしていることがある。それは、自分の立ち居振る舞いを日々より良いものにしていく、ということである。よく「あの人は品がある」「あの人は品がない」という話を聞く。それは身なりや言動が美しいか、相手から尊敬を得ているか、そして心が美しいかどうかだと、僕は解釈している。

たとえば、京都パープルサンガ時代に多くの選手と仕事をしていたが、プロサッカー選手はただうまければサポーターやファンがついてくるわけではない。試合や練習に加えてサポーターやファンと接する時の態度や言葉使い、見た目の清潔さ、顔の表情、ちょっとした仕草から多くの人の共感や尊敬を得ることができれば支持されるが、そうでなければ孤立してしまう。カズさん（三浦知良選手）やラモスさん（ラモス瑠偉氏）は本当に人柄も素晴らしかったし、今は日本代表監督になられた森保一さんも本当に素晴らしい方だった。反対に、サポーターやファンをあまり大切にせず、態度や仕草に難があった選手は、充実したキャリアを形成できなかったように思う。

では僕自身はどうなのかというと、京都パープルサンガに入社した頃は、生活の乱れから身なりや態度、考え方など褒められたものではなかった。そんなある時、信じがたいかもしれないが「このままだと俺は本当にダメな人間になってしまうぞ！」という強烈なメッセージが突如、自分の体を稲妻のように走り抜けたことがあった。それからというもの、自分の人生をもっと真剣に生きようと誓い、自分を大改革することにした。

まずは生活を正し、自分を正し、相手を敬い、勤勉に働き、人がやりたがらないことを率先してやるようにした。明るく大きな声で挨拶し、良書に触れ、ビジネスで活躍している人のところへ行って教えを請うた。思いつくことは全部やった。すると徐々にではあるが、周りの人の態度や僕に対する接し方が変わり、付き合う人も変わっていった。

心を入れ替えて自分の行動を少しずつ変えていった結果、「クラブをもっと良くしたい」という同じ志を持った多くの仲間の力を借りながら、京都パープルサンガの改革を牽引するまでになったのであった。

お天道様はいつも見ている

僕は、もしかすると死んでいたかもしれない大きな出来事を子供の頃に3度経験している。1度目は5歳の時だ。家の近所にある川の水を堰き止めたところで友達と遊んでいた。友達がふざけて押してきたことで、僕はバランスを崩して川に落ちてしまった。泳ぎが得意でなかった僕は必死にもがいたが、そのうち疲れ果てて川に沈んでしまった。意識が遠のき、気を失いかけたその時、急に強い力で引っ張られた。たまたま近くで釣りをしていた大人の人が、川に飛び込んで僕を助けてくれたのだ。

2度目は小学3年生の時だ。春の遠足行事を終えて学校に戻っていたところ、5mは優にある崖の縁につまれたブロックの上を友達と落ちないように歩いていた。友達がバランスを崩して前にいた僕を押してしまった。そのはずみで僕は崖下に落ちていった。意識が戻ったのは、病院のベッドの上だった。全身打撲や擦り傷に切り傷、そして左目上の際5㎜のところを10針ほど縫う怪我を負った。

3度目は小学6年生の時だ。家族で焼き肉を食べに行く約束をしていたので、サッカーの練習を終えて片側1車線の道を自転車を漕いで帰ろうとしていた。左に止まっていた車を右に避けた瞬間、急に運転席のドアが開いて僕はぶつかり、路上に放り投げられた。意識が朦朧とする中、大人の男の人が僕の体を抱えて道路の脇に移動させてくれた。その直後、たくさんの車が通過していった。今思い出してもゾッとするが、この3つを経験して、この世には人には見えない〝何かしらの力〟が存在しているという感覚を持つようになった。

母は常々、こんなことを僕たち兄弟に話してくれた。

「人はお天道様から何かしらの天命を受けてこの世に生まれてくるの。その天命は必ず『世のため、人のため』になるもので、それを果たせるように人は修行して立派な人になるの。だから真面目に一生懸命生きていれば、お天道様は時々ご褒美をくれるけど、誰も見ていないからとズルや悪さをしていると、お天道様はその人のために何倍も大きな苦難を与えるの。お天道様はいつも、どんな時もあなたたちを見ているんだよ。素直で正直で実直に努力を積み重ねていれば、お天道様は必ず味方してくれるからね」

笑われるかもしれないが、僕はこの母の言葉を今でも信じているし、大切にしている。努力は必ず報われるわけではないが、諦めずに善き行いを続けていれば、いつか必ず報われると信じている。

２０２０年2月22日に行われたＪ１開幕戦、柏レイソル（以下、柏）対北海道コンサドーレ札幌（以下、札幌）戦は、僕の審判人生の中でも最高に面白かった試合の１つである。お互いノーガードの打ち合いで、柏が合計24本、札幌が合計20本のシュートを放った。これほどのシュート数はなかなか見られない。フリーキックが柏8で札幌が11、警告が柏1で札幌0と、この試合の中で僕の存在はほぼなかった。試合後の両チームの選手たちも非常に満足そうだったし、柏のネルシーニョ監督と札幌のペトロヴィッチ監督も「今日の試合とあなたのレフェリングは本当に素晴らしいものだった。これからも今日のような試合を頼むよ」と笑顔で声を掛けてくれた。

自力を高め、世のため人のために自力を尽くせば、その思いと行動に共感した人たちが少しずつ力を貸してくれる。そうやってみんなの思いと力が1つになった時、お天道様は優しく僕たちを包み込んでくれる。天命を信じて人事を尽くせば、たくさんの人が笑顔になれることを、僕は柏対札幌戦を通じて知ることができた。

信条5 自分の「よりどころ」を創る

僕の父は幼少の頃、母親を早くに亡くしたことに加え、とても苦しい生活をしていたそうだ。そういう家庭環境もあって、学ぶことが大好きだったにもかかわらず中学卒業後は働いていたことを僕が幼い頃に話してくれた。そんな父が、ある時急に定時制の高校に通いはじめた。高校を卒業するためだ。

「父親が高校を出ていないと、お前たちも格好悪いだろ?」

と笑っていたが、父は父なりに思うところがあったのだろう。家族のために朝早くから夜遅くまで働きながら、合間を縫って勉強し、試験を受けながら自分を磨き、高め続ける父。その姿は本当に格好よかったし、「いくつになっても人は変われるんだ」「大人になっても学ぶことは大切なんだ」と思った。

そういう父の影響もあってか、僕もかつて大学に行きながらバイトをしてお金を貯めてカイロプラクティックの専門学校に行き、プロレフェリーと国際レフェリーをやりながら四年間グロービス経営大学院に通った。そして今、改めて大学院で学び直している。その理由は、自分のよりどころとなる〝軸〟を鍛え直すためだ。人は誰しも弱くてひとりでは生きていけない。何かにすがろうとするし、誰かを頼ろうとする。無知は恥ずかしいことではないが、知らないことが多ければ多いほど何かを決める時に迷い、誤った判断をする可能性が高くなる。自分の軸がしっかりしていれば、それらを回避できるだけでなく、大切な人を守ることもできる。

そしてもう1つ。自由を手に入れるためである。僕は自由になれないということは、自分の人生を自分の力で生きていくことができない、ということだと思っている。自分の人生をどうするかは人それぞれだが、僕は可能な限り、自分の人生は自分の力で生きていきたい。誰かに支配された人生や、他人の人生を生きたくはない。そのために学び続け、新しいことに挑戦し続けている。うまくいかないことばかりで苦難の連続だが、自分の人生を自分の力で生きていると実感できている。

基本を身につける

サッカーの競技規則には、審判の「基本」や「原理原則」として次の3つのことが示されている。

・サッカー競技規則の基本的考え方と精神
・サッカー競技規則第1条〜第17条
・審判員のための実践的ガイドライン

では、この3つが審判としての基本や原理原則をすべて網羅しているのかというと、僕は不十分ではないかと感じている。なぜなら、メンタルやフィジカル、コミュニケーションなどについては明記されていない。これらは、良いレフェリングをする上で必要不可欠な要素であるにもかかわらずである。

たとえば、武道や芸道の世界には「守・破・離」という考え方がある。「守」は、師や流派の教え、型、技を忠実に守り、確実に身につける段階であり、「破」は、他の師や流派の教えについても考え、良いものを取り入れ、心技を発展させる段階である。そして「離」は、1つの流派から離れ、独自の新しいものを生み出し確立させる段階である、と言われている。僕はこの考え方がとても好きで、現役時代、自分のパフォーマンスを高めるためにどうにか取り入れられないか模索していた。

また、ビジネスの世界にもテクニカルスキル、ヒューマンスキル、コンセプチュアルスキルという3つの基本的スキルというものがあるそうだ。このあたりを参考にしながら、僕は審判の基本スキルや原理原則を次のような形で自分なりに体系化していった。

【コア】
・サッカー競技規則の基本的考え方と精神
・サッカーが大切にしている価値観
・サッカーが審判員に求めていること
・サッカー競技規則第1条〜第17条
・日本サッカー協会が目指すビジョンや大切にしている価値観

【サテライト】
・メンタル（セルフコントロール、レジリエンスなど）
・フィジカル（持久力、スピード、アジリティなど）
・テクニカル1（フットボールの理解、競技規則の理解、審判法など）
・テクニカル2（リーダーシップ、マネジメント、コントロールなど）
・洞察力（観察力、察知力など）
・判断力（思考力、分析力など）

・決断力（責任感、覚悟、意志力など）
・対人関係力（共感力、対話力、交渉力など）

全貌と詳細は割愛するが、自分なりにレフェリングの「基本の型」を可視化、体系化させたことで「何の基本がどれくらい足りていないのか」「どうやって高めていくのか」が明確になり、トレーニングの質を高めることができた。

たとえば、審判員は試合中に直線的な動きはかなり少なく、曲線走やターン、クロスステップ、バック走、ストップ＆ゴーが多い。だからそういう動きをトレーニングし、体を固めて動くのではなく、しなやかに動けるように体の使い方やステップワークを研究した。そのために、クラシックバレエの基本動作を取り入れ、古武術の動きも取り入れた。２００９年頃からパフォーマンスが安定しはじめたのは、レフェリングの基本を自分なりに明確にして、徹底的に強化したからだった。

師を求める

僕は今、歴史や古典を師とし、自然を師とし、大好きな人たちに支えられながら苦手な人を反面教師として自分を戒《いまし》めている。僕にとって「師」という存在は、気づきや学び、自戒や癒やしをもらえるような人や物や機会だと考えている。

自然を師とする話でいうと、2008年のゼロックス杯後は、その頃滞在していた静岡県で富士山や駿河湾と触れ合うことで自分の未熟さや至らなさと向き合うことができた。古典を師とする話でいうと、古今東西の良書を読み込むことでこれからどうすればいいかのヒントや活力を得ることができた。そして人を師とする話でいうと、僕の人生に最も大きな影響を与えてくださった夏嶋先生のもとで学んだ4年間は、僕の人生の中で最も濃密な時間だった。

現日本サッカー協会審判委員長の扇谷健司さんは、僕が審判界で最も信頼している方のひとりだ。現役時代、僕が苦しみ、落ち込んでいると、必ず僕の状態を察してそっと寄り添ってくれた。それだけではなく、扇谷さんはいつも僕を厳しく叱ってくれる。僕が人として間違った方向に進まないために、だ。扇谷さんは僕が一生大切にしたいと思う人のひとりだ。

2010年から3大会連続FIFAワールドカップ・レフェリーに選出された相樂亭さんは、年下とはいえ、躊躇《ちゅうちょ》なく厳しいことを僕に意見してくれるありがたい存在だ。「言われるうちが花」という言葉があるように、僕は年齢や立場に関係なく、何か思うことがあれば直接意見してくれる人が大好きだし、宝物だと思っている。なぜなら、自分が間違っていることはよくあることだし、言われてはじめて気づくことや新たな発見があるからだ。そういう意味で、相樂さんは僕にとって大切な存在だ。

僕には2人の子供がいるが、息子は心臓に穴が開いた状態で生まれてきた。その後改善したのだが、新たに先天性の障害が2つ判明した。息子は生きるために10時間を優に超える大手術をこれまで2度受けた。だが、生きるためにもう1、2度、同じ手術を受けなければいけない。親としては、もちろん代われるものなら代わりたい。だが、できないことをいくら考えても仕方ないので、とにかく息子が明るく元気に過ごせるよう努めている。その一方で、僕は毎日たくさんのことを息子から教わり、気づかせてもらっている。僕にとって息子は間違いなく人生の師のひとりであり、我が家にとって太陽のような存在だ。そして娘からも、本当にたくさんのことを気づかせてもらい、立派な親になれるよう育ててもらっている。

妻は僕とは正反対のタイプで、温厚で懐の深い人だ。妻がいなければ僕はとうの昔に審判の世界から離れていたし、数々の逆境も乗り越えられなかった。妻である前に人として心から尊敬している。妻も娘も息子も僕の家族ではあるが、僕にとっての師であるとも思っている。3人には本当に感謝している。

家族とチームを創る

僕は、家族という存在はとても重要なよりどころだと思っている。結婚に前向きでない人も近年増えているが、何も男女の関係や入籍のことを言っているわけではない。形はどうあれ、信頼できる人や安心できる人との〝家族のような関係〟は人の心を安定させ、英気を養わせてくれる。僕は妻と結婚して本当に良かったと思っているし、彼女がいなければ今の僕はないと本気で思っている。そして年齢問わず、数名の友人とは、僕の家族を含めて家族のような関係を築かせてもらっている。僕は、本当にたくさんの人の愛情に支えられた幸せ者だと、つくづく思う。

その一方で、僕は昔から人と無駄につるみ、意味なく群れるのが苦手だ。気が許せて、一緒にいて心地よくて、この人のためならと、心から思える人が数人いれば十分だ。だが、僕が子供の頃に通っていた学校では「みんな仲良く、どんな人とも仲良く、たくさん友達を作りましょう」の一辺倒だったことに、子供ながらずっと違和感を持っていた。

僕が野球よりもサッカーを選んだのは、組織に変化や柔軟さがあったからである。野球には選抜チームのようなものはなかったが、サッカーはうまければうまい選手だけで選抜チームを作って試合ができ、さらにうまい選手だけが集まってさらに上の選抜チームを作るという仕組みがある。自分の努力と能力次第で、所属チームを増やせ、変えられる点が僕を魅了した。

審判の世界も同じで、固定メンバーというのがまずない。毎回、違うメンバーとチームを組んで試合をする。ただし、審判員を管理する協会の方がメンバーを決定するので、自分たちで選べるわけではない。

僕が若い頃は、実力と実績のある先輩副審の方とチームを組んでたくさんサポートしていただいた。経験があまりなかったので、国際試合の時は本当に心強かった。僕がベテランになってからは、若手や経験の浅い副審と組むことが多く、力のある副審と組むのは難易度の高い試合だけだった。若手に対しては、僕と組まされていつも気の毒に思っていた。別にビビらせていたわけではないが、大抵の若手は緊張して小さくなっているように見えた。だからそう感じた時は、できるだけ試合や僕に意識が向かないように工夫（音楽を聴く、雑談をするなど）して、とにかくリラックスしてもらうよう心がけていた。

人がミスをする要因の1つに、過緊張状態もしくは緊張感と危機感が足りないというものがあると僕は思っている。だから緊張感や危機感が高くなり過ぎず、低くなり過ぎないように、あの手この手を使って僕はチームのリーダーとして、メンバーを陰ながら整えようと、心を配ることに徹していた。

メンバーの状態や関係性は必ずパフォーマンスに反映される。29年間の審判人生で100を優に超える試合を経験してきて、そう実感している。だから選手のためにも、サポーター、ファンのためにも、その試合を任された審判員は、家族のような関係であることが望ましいと思いながら、仲間と良い関係を作ろうとしていた。たとえ、チーム内に苦手な人がいたとしても、だ。それが〝プロ〟の仕事だと思っている。

無を大切にする

僕の考える「無を大切にする」というのは、何もしない時間を確保し、趣味や遊びや休息といった仕事以外のことにも時間を使うというものだ。無を大切にしない人はいつの日か心をなくして体調を崩し、余裕をなくしてミスが増えるようになる。その結果、非生産的になることが多いように感じている。

この話で真っ先に思い出すのは、町田対名古屋戦の人間違い判定である。僕は、2016年のJチャンピオンシップ第1戦の件で精神的に参ってしまい、それを2017シーズンにも引きずったまま主審をしていた。その状態に加えて家庭の事情も重なり、精神的にも肉体的にも思考的にも病んだ状態で試合に臨んでしまった。もしあの時、この「無を大切にする」という考えが僕にあれば割当は間違いなく断っていたし、あの試合が僕によって壊されることもなかったはずだ。一生の不覚だが、これが多くの方に教訓として活かされれば幸いだ。

僕は現役中に死ぬほど走ったので、引退後は「絶対に走らない」と決めていた。だが、緊張感やストレスが皆無の生活を過ごした結果、3kgも太ってしまった。そこで健康を取り戻そうと、2023年の元旦から息子と一緒にスロージョギングをはじめた。スロージョギングというのは、歩く速さでジョギングすることだ。息子はすぐにやめてしまったが、僕は引退後にした決意を撤回して、毎朝1時間走ることにした。太陽の光を浴びながら風を感じ、呼吸と姿勢を整えながら自然の中を走ると頭の中がスッキリして、いろいろな良いイメージやアイデアが湧いてくる。体の健康のためにはじめたのだが、心と頭の健康にも大いに役立つことがわかった。

夕方は夕方で、家の中でロードバイクを使ってインターバルトレーニングやHIIT（High Intensity Interval Training）をはじめた。頭と心が何も考えられない、感じない状態を作ることで終わった後はクタクタだが、頭と心はすごくスッキリしている。ちょうどサウナから出た後の解放感のような感じだ。体重は落ちるし、頭と心がリフレッシュするだけでなく睡眠の質も高まるので、かなり気に入っている。

それ以外では、午前と午後にそれぞれ30分間何も予定を入れない時間を必ず確保している。

その時間は本を読んだり、ぼーっとしたり、妻と話をしたり、近所を散歩したりと、「無の時間」としたところ、生活にメリハリがついて仕事の生産性は上がった。

昔、知人からこんな話を聞いてすごく納得したことがある。それは、車のハンドルも、アクセルも、ブレーキも、絶対に〝遊び〟がないと危険という話だ。遊び（ゆとりや隙間）があるから、人は安全に車を操作できるのだそうだ。それは人も同じで、体が硬い人は筋肉や関節の柔軟性を失っているから怪我をしやすくなる。トレーニングしても休息時間がなければ、筋細胞が修復・再生する時間がないのでオーバートレーニング症候群や、精神的に病むことにもつながる。

無を大切にすることは、今の厳しい社会環境の中では〝オアシス〟を得るようなものだと僕は思っている。

覚悟を決める

僕はこれまでたくさんのプロサッカー選手を見てきたが、覚悟を決めてプレイしている選手とそうでない選手は、目つきや態度が全く違うように感じている。うまいだけでは通用しないのが、プロの世界。輝き続ける選手と輝きを失う選手の違いは、その人が「覚悟を決めているかどうか」ではないだろうか。僕自身はというと、これまで覚悟という重い決断をあまりしてこなかった。とはいえ、数は少ないものの人生において重要なポイントでは、覚悟を決めて事に当たってきた。

たとえば、1999年の熊本国体の時がそうだ。クラブの仕事を何とか調整して、久しぶりに全国大会の審判割当を受けた。クラブの仕事が忙しく、JFAの審判部長や審判委員会の方もいろいろと動いてくれたが、審判活動を続けるのが難しくなっていた。だから「おそらくこれが1級審判として最後の大会だな」と腹をくくって参加した大会だった。先輩たちから「大丈夫か？」「がんばって審判活動を続けろよ」と励まされながら、割り当てられた試合を真面目に一生懸命担当した。準決勝の前に多くの審判員が大会を後にした。ところがなぜか僕の名前があった。もし、主審をやる機会があったら、自分のすべてを出し切ろう、最高のレフェリングで終えよう、と心に誓った。結果、準決勝の主審と決勝の副審を割り当てられた。ここでの評価がきっかけとなり、Jリーグ担当主審に昇格することができた。

あるいは、京都パープルサンガがはじめてJ2に降格した時もそうだ。多くの選手やスタッフがクラブを離れていった。僕自身、このクラブで仕事を続けるのか、それとも審判の活動ができる仕事に転職するのか迷っていた。ある時、当時クラブで強化責任者をされていた霜田正浩さん（現松本山雅FC監督）から、「クラブをもっと良くしたい、もっとたくさんの人を幸せにしたい、クラブで働いている人をもっと笑顔にしたいというお前の思いはみんな知っている。だから1度、本気でクラブを再建してみたらどうだ。覚悟を決めて、本気で挑戦したことがあるという経験は、絶対に自分にプラスになるから」との言葉を掛けられた。いろいろ考えた結果、僕は覚悟を決めてクラブの改革に踏み出すことにした。

特に力を入れたのが、クラブの「よりどころ」となるビジョンを明確にしたこと、女性スタッフやクラブを陰ながら支えてくれているスタッフの声を反映させる仕組みを作ったこと、そしてクラブの弱点だった経営戦略とマーケティングを担当する部門を立ち上げたことだ。これにより、バラバラだった社内はまとまりはじめ、降格によって活気を失った社内に再び活気が蘇った。

信条 6 建設的に疑い、楽観的にはじめる

多くの人は失敗を良くないことと捉え、失敗をすることに対して恐怖心を抱いている。そしてできるだけ失敗しないように、もし失敗したとしても「大怪我」を負わないように、常識を身につけ、規則にしたがって行動するというような「安全路線」を選んで暮らしている。もちろん、僕だって失敗は避けたい。しかし、失敗は本当に良くないことばかりなのか、もしかすると失敗にも良いところはあるのではないのかと思うことがある。特に京都パープルサンガで働いていた時には失敗について考えることが多かった。

そんな京都パープルサンガ勤務時代、「わざと失敗する」という大胆な発想と、あえて失敗をしてみて、その結果をポジティブに捉えることの大切さを教えてくれたのが、当時チームの監督を務めておられたハンス・オフトさんだった。ある日、オフトさんから練習試合前に呼ばれたことがあった。オフトさんのその口から出てきた発言に僕は面食らってしまった。

「今日の試合は、選手たちにパニックを起こしてほしい。それをどう冷静に対処するかを学ばせたい」

試合中にパニックを起こさせるというのはあまりにも非常識だった。「練習試合といっても、そんなことして許されるのか」とかなり戸惑いつつも、オフトさんにその発言の意図を尋ねた。

「試合には絶対的な法則がある。それは『決して自分たちの思い通りにはならない』ということだ。いつも必ず〝何か〟が起こる。練習というのは、試合で起こるあらゆる事態を事前に経験して、小さな成功体験を積み重ねるためにやるものだ。だから今日は、うちの選手を退場させても問題ないよ。彼らは『練習試合なのにふざけるな！』と怒るだろうけどね。だが、それが狙いだ」

退場させても問題ないとキッパリと話す監督は聞いたこともないし、見たこともない。僕がためらっている様子を見て、オフトさんはこう続けた。

「責任は私が取る。だから何も気にせず、選手たちに大小さまざまなパニックを与えてほしい。私は彼らがパニックをどう乗り越えるのかを見たいし、それを彼らに経験させたい。それにその『意図的な失敗』は、君にとってもプラスになる。なぜ失敗するかがわかれば、主審としてそれをやらなければいいだけだし、パニックになった選手やチームをどう導くかのトレーニングにもなる。ね、妙案だろ？　さあ、行っておいで。自信を持って失敗しておいで！」

とオフトさんは笑顔で僕の背中を押した。結果がどうなったかは、皆さんの想像に任せたい。

当たり前や常識を建設的に疑う

自然界では変化することは当たり前のことだ。自然は常に多様で、曖昧で、さまざまなものが移り変わり、留まることを知らない。一方、人は変化を恐れ、多様性を拒み、曖昧さを嫌う。自分が見たいようにしか見ず、聞きたいようにしか聞かない。だが「本当にそうなのか」「なぜそう言えるのか」「自分はすべてを知っているのか」という問いは、物事の本質を理解する上で非常に重要なことである。

自分の当たり前や相手の常識を建設的に疑うことは、夢を実現させる上で決して忘れてはいけないことだと僕は考えている。なぜなら、世の中には当たり前や常識が溢れているからだ。当たり前や常識は、人に安心と無駄な思考エネルギーを使わせないメリットがある一方、思考停止や否定、拒絶、押し付けのもとにもなる。今はVUCA（Volatility：変動性、Uncertainty：不確実性、Complexity：複雑性、Ambiguity：曖昧性）と呼ばれる時代だという。僕たちは、昨日の正解が今日や明日も正解とは限らない世界に生きているというわけだ。変化が求められる時代に変化しないほうを選択することは、時代に取り残され、衰退していくかもしれないと、僕は危機感を抱いている。

この当たり前や常識が是で、それ以外は非という話でいうと、僕がいた審判の世界にもそういうものがあった。今でこそ選手と審判員が気軽にコミュニケーションを取り、試合中に笑顔を見せるようになった。あるいはお互い協力するところは協力して、一緒にいい試合にしていこうという考えを持つようになった。だが、僕が審判活動をはじめた1990年代後半やプロになった2005年頃は、「審判たる者、笑うな、話すな、触れるな」というのが常識だった。あるいは、「絶対に謝るな、ミスを認めるな」というのが当たり前だった。それは、「審判たるもの厳格者であれ、模範者であれ」という思想からきていたように思う。もちろん、「そういう考え方ややり方はおかしい」と主張する人も少なからずいた。だが会社や学校などでもよく聞く話だが、どちらが正しいかはさておき、少数派の意見はなかなか通らない。多数に負け、権力者に負けるからだ。僕も当時、違和感を覚えていた。ただ何が正しいのか、どうあることがより望ましいのか、という考えが僕にはなかったし、考えようともしていなかったので黙ったままだった。

僕たちは物事を建設的に疑って、より望ましい考えや手段を導き出すような学びや訓練を、学校教育の中で受けていないと強く感じている。また、世の中には絶対というものがないこと、物事には複数の顔があること、正解にはモヤモヤするものが多いことも、学校教育の中で教わる機会がない。そういうこともあって、僕は自分の子供たちに何でも鵜呑みにするのではなく、建設的に疑い、いろいろな視点で物事を考えることの大切さを教えている。

不安や恐怖を把握する

今の時代は変化のスピードが速く、何が正解なのかわからないことも多い。だから「やらなきゃ」「動き出さなきゃ」と頭で理解していても、心の中にある不安や恐怖の影響で多くの人が動き出せない状態になっているように感じている。

僕は自分のけじめとして、先のことは未定のまま2021年に現役を退いた。その時、将来に対する不安が全くなかったと言えば嘘になる。だが、審判人生の集大成として、自分のすべてを2021シーズンに注ぎたいという思いが強かった。だから妻には職探しはせずに審判活動に専念することを伝えたところ、

「何も気にせず、最後のシーズンを思いっきり楽しむことだけ考えてね」

と笑顔で言ってくれた。

引退後、ありがたいことにJリーグの方から「一緒にJリーグを良くしていきませんか」と声を掛けてもらった。新しいチャレンジに心躍らせたのだが、しばらくしてトップが変わったことでJリーグの方針も大きく変わり、僕に与えられた役割は部署ごとなくなった。世の中の

変化はいつも突然で、時に残酷だ。

現在はメディア出演や記事掲載、イベント出演、noteやPARKなどでの審判や競技規則に関する発信、悩み相談、企業研修の講師と、現役時代とは全く違う世界で失敗を繰り返しながら、数多くの新しいことに挑戦している。

自由で気楽で楽しそうとよく言われるが、フリーで働くというのは常に不安と恐怖がつきまとうものであり、安心も安定も保証もない、本当に厳しい世界ということを実感している。誰も経験がないことばかりやっているので相談できる人もいないし、わからないことも多い。だが、自分で選んではじめたことなので、不安や恐怖と闘いながら、挑戦し続けている。

そうした中、僕が何かをはじめる上で基準にしていることがある。

・サンプル（Sample）試しにはじめる
・シンプル（Simple）簡単なものからはじめる
・シグニファイ（Signify）重要なものからはじめる
・スモール（Small）小さくはじめる
・スポット（Spot）部分的にはじめる
・スピード（Speed）すぐやれそうなものからはじめる

・ストップ　(Stop)　考えるのを止めてとにかくはじめる
・セパレート　(Separate)　分けてはじめる

という8つのことで、僕は「8S」と呼んでいる。ここにあげたものは、結果に対するリスク（事前に想定できる好ましくない物事）が小さいので、精神的にも肉体的にも社会的にも軽い負荷で動き出せるものばかりだ。僕はここに当てはまらないものは京都パープルサンガ時代から後回しにしてきたし、この「8S」ではじめたことは失敗したとしても軽傷で済んできた。僕にとってこの「8S」は、物事をはじめるひとつの基準であり、心の不安や恐怖を軽くしてくれる〝サポーター〟でもある。

最悪を想定する

人は知らないものや、どうしていいのかわからないことに不安や恐怖を感じる。だが、不安や恐怖が必ずしも悪いわけではない。なぜなら、人は不安や恐怖を感じることで危険をいち早く察知し、自らを守り抜いてきたという歴史があるからだ。しかし、現代では不安や恐怖が不安症や鬱病といった心の病を生み出す元凶にもなっている。残念ながら人間の脳は、不安や恐怖が実際のものか想像上のものかを区別できないそうだ。実際にあろうがなかろうが、同じように反応してしまう。だからいま何も起きていなくても、何か悪いことが起きるに違いないと考えると脳は「闘争か逃走か」の態勢を取り、アドレナリンを分泌して不安になるという話を聞いて、自分にもそういうところがあるなと、すごく納得した。

若かりし頃、僕のパフォーマンスが安定しなかった原因の1つに、自分の能力不足を隠すために無理やり自信を持とうとしていたこと、そして試合で起きる「最悪」を想定せずに試合に臨んでいたことがあった。それを克服しようといろいろな本を読んだのだが、そのヒントがブッダに関する本に記されてあった。

それによると、人の精神状態は貪欲（過剰な欲求）、怒り（不満や不快感）、妄想（根拠のない想像）の3つに分類されるそうだ。先ほど話した不安や恐怖は「妄想」にあたる。妄想は止まることを知らず、次から次へと新たな妄想を呼び起こしてしまう非常に厄介なものである。それを打ち負かすために人は自信を持とうとするが、自信も妄想なのである。自信とは自分はできる、きっとうまくいくという判断や想像のことであるが、それらは絶対的なものではなく、単なる〝幻想〟にすぎない。不安だから自信を持ちたいという人は、不安という妄想の上に自信という妄想を積み重ねようとしている、というわけだ。

僕はこの「自信も妄想」という言葉に衝撃を受けた。ただ、冷静に考えてみると、自分が不安な時は無理やり自信を持とうとしていたし、効果があったかといえば、必ずしもそうではなかった。だから「自信も妄想」という言葉は、すごく納得感があった。それ以降、無理やり自信を持とうとすることをやめた。

そしてもう1つ。若かりし頃の僕は「最悪な試合」とはどういう試合で、何が起きて、どうすれば回避できるのか、あるいはどうすれば対処できるのか、といったことを全く考えずに試合に臨んでいた。だからよくパニックになった。解決策がわからず、試合をするのが怖かった時期もあった。だが失敗を重ね、どうすればいいのか考え続けるうちに、サッカーの試合で起こりうる最悪の事態や状況にはどういったものがあるのか、そのきっかけや対処方法は何か、を明確にして試合に臨めば少しは解決するのではないかと考え、実際にやってみた。その結果、不安や恐怖が最小化され、パフォーマンスが圧倒的に安定するようになった。

やらないことを決める

現代のように変化が早く、正解もはっきりしない世の中にいると、多くの人があれをやらなきゃ、これもやらなきゃと、頭や心の中を大小さまざまな「やること」でいっぱいにしているのではないだろうか。人は暇を求める一方、暇が苦手なところがある。だから不要とわかっていながら、自分を「やること」で満たして安心する癖がある。とはいえ、どんな人にも限界はあるので、考えられるすべてのことを実行することはできない。

そこで大切になってくるのが、やることで自分を満たすのではなく「やらないことを決める」ということである。僕は今の難しい世の中を生きる上でも、夢を実現させるためにも、やることと以上にやらないことを決めるのは非常に大切なことだと考えている。

僕はやらないことを決める時、次のようなことを判断基準にしている。

・自分の倫理に反していること
・社会の道徳に反していること
・自分の得意に反していること
・自分の成長に悪影響を与えること
・目的の達成に悪影響を与えること
・差し当たって必要のないこと

そして、次のようなものは判断基準に入れないようにしている。

・自分の嗜好に反していること
・自分の意欲に反していること
・自分の感情に反していること

たとえば審判のスタイルで言えば、僕は２００２年から２００８年までは上の人たちが求める審判のスタイルに疑問を持つことなく、言われるがまま笛を吹いていた。だが、それが自分の目指すレフェリングではないと判明してからは、スタイルを大きく変えた。具体的には、日本国内で試合をする時には強さや威厳を捨て、丁寧にコミュニケーションを取って納得感や柔らかさを重視した。一方、国際試合でそれをやると〝弱い審判〟と認識されて選手や観客に舐められ、試合が制御不能になってしまうので、柔らかさや親しみやすさを捨て、毅然さや自己主張を重視した。

２０２２年に開催されたワールドカップ・カタール大会で主審を務めたシモン・マルチニアク氏とは、僕が２０１１年にポーランドに行って代表戦やリーグ戦を担当した時にずっとアテンドしてくれてからの仲だ。彼の素晴らしさは、決勝戦のアルゼンチン対フランス戦のように、世界を代表する選手を相手にジャッジする時も物怖じせず自分を貫き、選手を試合に集中させながらも良くないプレイには毅然と対応し、試合をうまくマネジメントするところにある。これは簡単なように見えて、非常に難易度が高いことなのだ。なぜなら国際試合、特にワールドカップはまさにボールを使った闘争、もっといえば〝戦争〟だからだ。

このあたりは日本で暮らしているとなかなか馴染みがないかもしれないが、国際試合はソフトだけでは試合をコントロールできない。言い換えると、「最高の試合を実現させる」というゴールは同じでも、環境や関わる人、サッカーや審判に対する考え方の違いによってやることとやらないことは変わってくるし、変えなければいけないということである。要は「郷に入っては郷に従え」ということだ。

小さな失敗の先に大きな喜びが待っている

夢を実現させたいなら、何があっても1歩ずつ前に進むしかない。「そんなことは言われなくてもわかっている」と、頭の中の僕はそう主張するのだが、いかんせん「失敗したらどうしよう」という失敗に対するネガティブな思いが、僕の身体を動かそうとしないのだ。それでも心の中の「弱い自分」に鞭打って恐る恐るやってみると、意外と大したことない場合が多い。ただこれは、いろいろ経験してみてはじめてわかることでもある。

僕はこれまで、大風呂敷を広げて大胆に挑戦したことはない。ただ、変化や挑戦は大好きなので、リスクを最小化させるために「8S」を基準にしてやることを選択し、とにかく動き出すようにしてきた。

「8S」をもとにはじめることのメリットは、主に2つある。1つは、成功も小さいが苦しみや悲しみを最小化できるので、失敗に対する耐性を高めることができること。もう1つは数多くの小さな失敗を経験することで、いろいろなことがわかるようになることだ。たとえば「こうなると失敗する可能性が高い」という勘所がわかるようになったり、「この痛みの先に喜びがある」「雲行きは怪しいがこれを突き抜ければ楽しい世界が待っている」といった〝失敗もどき〟を見極められるようになったのだ。これはおそらく、それまでの数多くの「失敗データ」が自分の中に蓄積されたことで、失敗の傾向や共通点、あるいは失敗するかどうかの境界線が「何となく」ではあるが、わかるようになったからだろう。

こうして失敗経験を積み重ねていくことで、行動をはじめる前に感じる自分の中の不安や恐怖も最小化していき、「失敗しても大丈夫」「失敗は怖くない」「失敗は学び」といった失敗に対する免疫力が上がっていく。ここまでくれば、何かをはじめる時も意欲的に、あるいは楽観的に動き出せるようになる。

僕も今でこそ失敗に対して免疫ができたが、もとからそうだったわけではない。2002年のアビスパ福岡対横浜FC戦が、僕のJ2主審デビューだった。立ち上がりはすごく緊張したし、ぎこちないレフェリングだった。ミスも多かったが、選手も「おい！」という顔をするもデビュー戦の僕には優しかったことを覚えている。

2004年のヴィッセル神戸対東京ヴェルディ戦が、僕のJ1主審デビューだった。試合前に両チームの選手から「デビュー戦なんだって？　ミスしても文句言わないから頑張ってね」と励まされた。その温かい言葉で少しは緊張もほぐれたが、ミスもたくさんした。その都度「本当にごめんなさい」と心の中で謝りながら、何とか大過なく試合を終えることができた。試合後は両チームの選手から「次はもっとちゃんとやってね。お疲れ様」と笑いながら声を掛けてもらったことで、僕の痛んだ心も幾分和らいだ。

その後、経験が浅いながらも徐々に難易度の高い試合を割り当ててもらえるようになった。もちろんまだまだ技術力も低く、経験もないのでたくさんミスをした。審判委員会の方たちは僕のことで各方面から相当な文句を言われたと思う。それにもかかわらず、僕のポテンシャルを信じて難易度の高い試合の主審を割り当て続けてくださった。そういう方たちの大きな支えと愛情があったからこそ、今の僕がある。高田静夫さんはじめ小川佳実さんや当時の審判部の方たちには、心から感謝している。

風のように自由に楽しむ

信条

スポーツはわれわれの日常生活にすっかり浸透し、生活だけではなく、社会を豊かにする役割を担う存在の1つとなった。一方、競技スポーツやプロスポーツの世界では、結果が経済的あるいは社会的な成功とどうしても結びついてしまう。そのため、「遊び」や「娯楽」「余暇」ということよりも、「正しさ」や「結果」「責任」ばかりが追求されるようになってしまった。すると「どんな手を使ってでも勝つのが正義」と考える成果主義や勝利主義がはびこるようになった。それにより、ドーピングや八百長《やおちょう》、指導者による暴力だけでなく、選手自身が競技を純粋に楽しめなくなってしまったように感じている。

スポーツ（sports）という言葉の語源の由来とされるデポルターレ（deportare）は、遊びや楽しみ、非日常的を意味しているという。僕も、遊びや楽しみというものは生活に欠かせないと思っているし、人生を豊かにする原点だと思っている。ただ、多くの人がスポーツを楽しむためには、「共通の約束事」が必要だ。なぜなら、楽しい、嬉しいの感じ方は人によって異なり、また安心や安全はスポーツには不可欠だからだ。そのためスポーツには共通の約束事、すなわち「ルール」が設けられているのである。

僕はスポーツにおけるルールの役割は大きく2つあると思っている。1つは、「選手の安全を守り、公平さや公正さを保つ役割」だ。もう1つは、「どうすればより面白くなるのか」を考え、それを実現させる役割である。

サッカーは、野球やバスケットボールと比べて競技規則が少ないスポーツである。さらに反則と判断されるまでの解釈の幅が広くなるよう設計されている。そのため、その時の状況やさまざまな条件の変化によって「正解が変わる」という、非常にユニークなスポーツである。その反面、サッカーは他のスポーツと比較すると混乱や議論を巻き起こす場面が多いように思える。

その代表的なものが、ハンドの反則だろう。簡単にいうと、ゴールキーパー以外の選手がボールを手や腕でコントロールしてはいけないというものだが、ボールが手や腕に当たると反則と判断される時と、反則だと判断されない時があるのだ。サッカーの中で、ハンドは最も難解な反則の1つとなっている。あるいは、オフサイドの反則の「相手競技者に干渉したかどうか」も最も難解な反則の1つだといえるだろう。

多くのスポーツは、主観的な判断よりも客観的な判断を主としているので、する人も見る人も「何が反則か」がわかりやすい。一方で、サッカーは曖昧さを〝あえて〟残しているので、プレイする人も試合を見る人も「何が反則なのか」「何が反則ではないのか」がわかりにくい。では、審判員は反則になる行為や事象をすべて正しく理解しているのか、すべての審判員が同じように判断しているのかというと、審判員や国によって、試合や状況によって異なる、というのが実際のところである。

統一性がないのは公平性に欠けると思うかもしれないが、僕は曖昧な部分があるからこそほどよい緊張と緩和が生まれ、それが面白さや感動を生み出す要素の1つになっていると思っている。かたちを常に変えながら流れてくる風、のようだ。風は季節や地域、時間ごとにさまざまだ。その風のように自由に楽しむことができるからこそ、サッカーは世界で最も愛されているスポーツの1つになっているのではないだろうか。

信条 7

「陰陽的思考」で行動する

僕は子供の頃、学校教育のあり方にずっと違和感を抱いていた。そういった理由から、先生という存在をあまり好ましく思っていなかった。特に嫌だったのが、人には個性があるのでみんな違っていいと言いながらも、制服を強制したり、集団行動や場の空気を乱さないことを押し付けてきたり、成績が良いか悪いかだけで子供たちに優劣をつける点だった。

そんな僕にも好きな先生はいた。中でも中学2年と3年の時の担任だった荒石和夫先生と高校3年の時の担任だった佐藤孝枝先生は本当に大好きな先生だった。荒石先生はサッカー部の監督でもあった。誰よりも情熱的で、いつも真剣に生徒に向き合われていた。僕が中学の時にサッカー選手として開花したのも、在学していた中学校のサッカー部が全国大会に行けたのも、荒石先生のおかげだ、と僕を含めた生徒や親たちはみんな思っていた。

そんな荒石先生がよく口にしていたのは、「人の悪いところではなく良いところを見る。心は強く、頭は柔らかく、行動はしなやかにしたたかに」というものだった。この言葉は中学生だった僕の心を射抜いた。

高校3年の時の担任をされていた佐藤先生は国語の先生だった。厳しさの中に深い愛情を感じられた先生だった。大学進学をする気がなかった僕に同志社大学の推薦入試を勧めてくれたのが佐藤先生だった。佐藤先生でなかったら絶対に断っていたし、もともと受験予定だった理学療法士の学校に行っていたと思う。そういう意味で、僕の人生を変えてくれた先生でもある。サッカーのことや将来のことで悩んでいた僕に、東洋思想の基本である「陰陽論」について話してくれたことは大きかった。

「どんな人も陰陽な部分を持っている。だけどもし、相手の陰陽の部分で受け入れられないところがあったら、その部分は一旦横においておけばいい。誰にでも、自分とは合わないと感じるところはあるから」

当時はまだ東洋思想のことをよく知らない僕でも、この言葉は非常に衝撃的だった。「目の覚めるような」という表現があるが、まさにそういう想いをしたのであった。佐藤先生がおっしゃっていたことを僕は今でも昨日のことのようにはっきりと覚えている。

陰陽と善悪と正邪

陰陽のことをもう少し丁寧に話すと、陰陽は中国古代の思想で「陰」というのは月や水、女などを表していて、「陽」というのは太陽や火、男などを表しているそうだ。そして陰と陽は対立している関係ではなく、お互いを自分の存在のよりどころにして2つで1つになっている。簡単にいうと、コインの裏と表の関係であり、男性の中にも女性的な部分はあるし、女性の中にも男性的な部分はあるということである。さらにいうと、陰陽は善悪でも正邪でもないということである。

自分なりの考えや意見は幼少の頃から持っていたが、それが絶対に正しい、それがすべてと思ったことはない。何か見落としていないか、何か勘違いしていないかと、いつもどこかで自分を疑っていた。そんな僕の意見に対して「お前は間違っている」「その考え方は絶対におかしい」と、何かにつけて否定し、評価する人たちがいた。

そもそも「善や正」とはどういうことで、「悪や邪」とはどういうことなのか。自分なりに〝何となく〟わかっているが、はっきりと腹落ちしていなかった。今改めて大学院で「中国古典に学ぶリーダー哲学」のクラスを受講しているのだが、講師の守屋淳さんが話してくれた「悪」とは、より小さい範囲の利益のために大きな範囲に迷惑をかけること、という言葉が今までで一番腹落ちしている。

これは、まさに昔の自分や審判界がそうだったからである。本来の目的を忘れて、競技規則の表面的な部分にとらわれていた時期があった。「サッカーを良くするために」という一見正しい大義名分を掲げて笛を吹き、カードを出していた。もっと正しく、もっと強く、を求められ、より厳密に反則を取ることや迷ったらより厳しいほうを選択することを求められていた。そういう〝歪んだ正義〟が蔓延《まんえん》していたこともあり、審判関係者以外は誰も喜んでいなかった。まさに僕を含めた当時の審判界にとっての「善や正」は、多くのサッカーファミリーにとって「悪や邪」だったということである。ただ、陰陽という視点で考えると、審判だけが「悪や邪」ではない。選手たちの言動がすべて「善や正」ではなかったし、審判たちの言動の中にも「善や正」はあったからだ。もっというならば、選手と審判は敵対関係ではなく「両輪」ということだ。

その後、審判界の方針が大きく変わったことを受け、選手と審判員の関係性は改善していった。正直苦しい経験だったが、二律背反的思考や二元論的思考ではなく「陰陽的思考」の大切さを学べたおかげで、その後大きく成長することができた。

自由と不自由さが共存する世界

サッカーがこれほどまでにも世界中の人から愛されている理由の1つに、「自由度」の高さがあるだろう。その要因としては、競技規則が17条しかないことや、反則とするかどうかも主審の裁量によって変わることが関係しているように思う。あるいは、チームとしての基本的な戦い方はあるもののそれはあくまで約束事であって、絶対的なものではない。105m×68mの聖域で、選手たちはそれぞれの判断で何を、どうするかを自由に決断し行動している。

僕が現役時代、特徴的だなと思っていたことがある。それは選手の中でも日本の選手は、監督の考えや指示に忠実かつ誠実に従おうとするが、外国人の中でも特にラテン系の選手は監督の考えや指示を尊重するものの、フィールドの中ではとにかく自分で考え、自分で判断し、仲間といろいろなことを確認しながら自分で決断して自分の特徴を全力で表現する選手が多いように感じていた。加えて責任感は非常に強く、とにかく負けず嫌いな選手が多いのも特徴的だ。この自己責任の強さと自己判断力の高さが柔軟さと変化のスピードを生み出し、プレイの意外性や創造性につながっていたと思う。そういう彼らに、僕はいつも魅了されていた。

一方で、サッカーの審判に自由はないのかというと、僕はスポーツの審判の中では比較的自由度が高いと思っている。それは競技規則に裏付けられている。競技規則の第5条の「主審の決定」には次のようなことが明記されている。

決定は、主審が競技規則および「サッカー競技の精神」に従って、その能力の最大を尽くして下し、適切な処置をとるために競技規則の枠組の範囲で与えられた裁量権を有する主審の見解に基づくものである。

もちろん主審は裁量権と決定権を有しているとはいえ、何でも好き勝手にやっていいわけではない。あくまでも「競技の精神」に基づき、17条ある競技規則を遵守することが求められているし、それが大前提である。

いずれにせよ、サッカーは自由度が高いスポーツとはいえ、「競技規則」という不自由があるからこそ、サッカーはサッカーなのだ。あるいは「サッカー競技規則の基本的考え方と精神」の中で示されている1つの世界観があるからこそ、参加者がお互いを尊重し、節度を保ってサッカーを楽しむことができるのである。もし競技規則がなく、参加者が各々好き勝手に行動するとどうなるだろうか。秩序は乱れ、サッカーがサッカーでなくなることは容易に想像できるはずだ。だから、価値観の違う人たちが一定の安心や快適さを担保するには、自由と不自由を共存させることが大切なのである。

自由の話でいうと、選手は試合中、審判員に対して自分の意見を主張してくるし、自由がおびやかされることを極端に嫌う。その傾向はアマチュアよりもプロのほうが強く、日本人よりも外国人のほうが強い。中でも断トツに、ラテン系の選手にその傾向があるというのが僕の考えだ。だが僕はそういう彼らが大好きで、彼らとのやり取りは最高に楽しかった。いつも心と心でぶつかり合っていたからだ。日本に来ているラテン系の選手は日本人の審判員とやりにくそうだが、どうか異国のサッカーを存分に楽しんでほしいし、異なる価値観を僕たちに遠慮なく伝えてほしい。

曖昧さを楽しむ

僕は、サッカーが世界中の人から愛されているもう1つの理由に「曖昧さ」もあるのではないかと感じている。曖昧が故に偶発性や意外性を生み出し、たくさんの人を魅了する可能性が高まるからである。ただ、これは曖昧に対する考え方の違いによって、楽しめる人とそうでない人に分かれるように思う。なぜなら曖昧ということは、自分の考えや意見が入り込める余地があると考えることができる一方で変化、多様、不確実ということもあるからだ。日本人は「答えは1つ、答えは明確」信者が多いために、曖昧さを毛嫌いしているように感じている。

では、サッカーの曖昧さはどこから生まれているのかというと、「サッカー競技規則の基本的考え方と精神」と競技規則第12条の「ファウルと不正行為」が主たる発生原因といえるだろう。次に、第12条の一部を紹介する。

競技者が次の反則のいずれかを相手競技者に対して不用意に、無謀に、または過剰な力で行ったと主審が判断した場合、直接フリーキックが与えられる。

・チャージする。
・飛びかかる。
・ける、またはけろうとする。
・押す。
・打つ、または打とうとする（頭突きを含む）。
・タックルする、またはチャレンジする。
・つまずかせる、またはつまずかせようとする。

（中略）

・不用意とは、競技者が相手にチャレンジするときに注意もしくは配慮が欠けていると判断される、または慎重さを欠いて行動すること。懲戒の罰則は、必要ない。
・無謀とは、競技者が相手競技者にとって危険になる、または結果的にそうなることを無視して行動することで、警告されなければならない。
・過剰な力を用いるとは、競技者が必要以上の力を用いる、または相手競技者の安全を脅かすことで、退場が命じられなければならない。

ポイントは、7つの事象（チャージする、飛びかかるなど）を主審が「不用意に、無謀に、過剰な力」で行ったと判断（裁量権）した場合にのみ、反則やPK、反則＋警告、反則＋退場になるということである。これが何を意味するのかというと、人によって、状況によって、試合によって、判定が変わる可能性がある、ということである。そしてもう1つ。競技規則の「サッカー競技規則の基本的考え方と精神」には、次のことが明記されている。

審判は人間であるため、必然的にいくつかの判定が間違ったものになったり、論争や議論を引き起こすことになる。人によっては、これらの議論が試合の楽しみや魅力の一部となっている。しかし、判定が正しかろうと間違っていようと、競技の「精神」は、審判の判定が常にリスペクトされるべきものであることを求めている。試合において重要な立場である人、特に監督やチームのキャプテンは、審判と審判によって下された判定をリスペクトするという、その試合において明確な責任を持っている。

リテラシーの問題といえばそれまでなのだが、サッカーの競技規則が「曖昧さ」を許容していること、審判が人間であるため〝何があっても〟審判員とその判定をリスペクトすることを大切にしている以上、「サッカーとはそういうものだ」と受け止めたほうが、サッカーをより楽しめるのではないだろうかというのが僕の考えである。

水のように変化する

僕は、はっきりいって不器用な男である。変なところにこだわり、頑固な一面もあるのでうまく手を抜けないからだ。もっと楽に生きればいいのに、と周りからも言われるし、自分でもそう思うことが多い。そんな僕が大切にしている言葉が2つある。1つは、中国の兵法書である『三略』の「上略」の一節にある、

「軍讖《ぐんしん》に曰く、柔能く剛を制し、弱能く強を制すと。柔は徳なり、剛は賊なり。弱は人の助くる所、強は怨みの攻むる所なり。柔は設くる所有り、剛は施す所有り、弱は用うる所有り、強は加うる所有り。此の四者を兼ねて、其の宜しきを制す」

という部分である。簡単にいうと、状況に応じて「柔・剛・弱・強」をうまく使いこなすことが大切ということである。

これは実に耳が痛い話で、若い頃は僕の性格的な特徴もあって、公私共に柔と剛、弱と強をうまく使いこなせなかった。剛と強は簡単に使えるのだが、柔と弱はものすごく苦手だった。

日本では剛と強の審判を嫌う傾向が強いので、僕のスタイルは合わなかった。とはいえ、僕は自分を変えなければ国内で生き残ることができない。そこで失敗を重ねながら、柔と弱を使いこなせるよう努力を続けた。一方、外国で行われる試合の場合には、僕の特徴は非常にマッチした。文化や価値観、そしてサッカーに対する考え方が違えば、攻め方も守り方もその時の状況に応じて変えるというのは外国では常識だった。

そして僕が大切にしているもう1つの言葉は、老子の、

「上善は水のごとし、水はよく万物を利して争わず、衆人の悪《にく》む所に処る」

である。人間の理想的な生き方は、水のようにさまざまな形に変化する柔軟性を持って自然に流れるように生きるということだ。

僕は若い頃かなり尖っていたので、何かあるとつい抗《あらが》おうとするところがあった。別に選手と喧嘩をしたいわけではなかったが、僕がそういう感じだったので態度や仕草に出ていたのだろう。あるいは苦しいことや辛いことがあった時も、早くその状況から脱出したいという思いから流れに逆らおうとし、弱い自分を受け入れようとしなかった。

この老子の言葉には2008年の夏に出会ったのだが、それからは抗うことを慎み、物事をあるがまま受け止めるように努めた。動きが硬いと考え方も固くなるという話を聞いて、しなやかに動けるようにトレーニングを積み重ね、試合では目の前の小さなことよりも全体の大き

な流れを意識するようにした。そうすることで何もかもがうまくいったわけではないが、良い方向へと少しずつ変化しているという実感はある。

多様性を受け入れる

僕は2005年から国際主審を11年間務めていた。試合だけではなく、現地国での生活を通じ、日本との違いをたくさん見聞きしてきた。海外に行くたびに感じるのは、日本はとても〝閉ざされた国〟ということだった。

その理由として、日本は海で囲まれた極東の島国という地勢的な条件が大きく関係しているのかもしれない。また、世界的にみて日本語を話す人口の圧倒的な少なさも影響しているのかもしれない（世界人口の25％の人が英語を話し、そのうち78％の人が英語を第2言語としている。日本語を話す人はわずか1・7％だという）。つまり、日本語は世界の中では超少数派であり、世界中の情報をすべて日本語に訳しているわけではないので、実は情報弱者でもあるのだ。僕たちは世界のことを知っているつもりだが、ほぼ何も知らないといっていいだろう。それだけでなく、多くの日本人は学校で英語を勉強しているにもかかわらず、外国人とまともにコミュニケーションを取れない人も多い。僕もそのうちのひとりだが、仕組みとして何か重大な問題が見過ごされているのではないかと心配でならない。

そういった中でも、ようやく日本の社会や企業で世界にならって多様性を認め、多様性を活かそうという声がちらほら聞こえるようになった。だが、仕組み的にも人々の心情的にも、まだまだ多様性を受け入れられる状態になっていないというのが実際のところではないだろうか。

僕も国際主審になるまで、1度も日本から出たことがなかった。世界については、教科書やテレビのニュースでしか知らなかった。はじめての海外経験は2005年1月に国際親善試合で訪れたカタールだった。高校生の時に政治経済の授業で中東のことやイスラム文化について学んだが、当時の僕の周りにはアラビア語を話す人も、イスラム教を信仰する人もいなかったので偏った情報しか持っておらず、失礼ながら若干の偏見も持っていた。ところが実際にイスラム圏の人たちと触れ合ってみると、とても明るくフレンドリーで、温かい人ばかりだった。一部の情報だけで、すべてを知っているかのような錯覚に陥ることの恐ろしさをこの時学んだ。

僕は海外に行く際、決めていたことがある。それは、日本から食料や薬を持っていかずに現地で販売されている商品を口にすること、現地の人と仲良くなっていろいろ学ぶこと、そして可能な範囲で街に出て現実を目の当たりにすることだ。そうすることで本当の世界を知り、自分の知見を広げ深めることができるからだった。だから海外に行ったら、訪れた国やそこで生活をしている人たちのことを知ろうとし、積極的に話しかけて自分から溶け込むようにしていた。そういうこともあって、僕は外国で試合をしても1度も困ることはなかった。いつも必ず誰かが助けてくれたからだ。だから相手を知らない、海外の国のことはわからないというのは言い訳でしかない。

信条 8

小さな「変化」と会話する

僕の経験上、試合中のパフォーマンスが高いレベルで安定している審判員は、判定の基準にブレがなく、コミュニケーションの質も高い。その要因の1つに、試合で起こる大小さまざまな変化を見逃さないことがあげられる。試合前から常に鋭い眼光で周囲を見渡し、声なき声に耳を傾け、直感を働かせ、変化に応じて柔軟に対応している。

審判員が小さな変化と会話できるようになれば、まず圧倒的に試合中のポジショニングが良くなる。ポジショニングが良くなれば、判定の精度が高まるだけでなくトラブルの未然防止や事後対応、選手とのコミュニケーションの質も上がる。その結果、選手や監督は安心して試合に集中できるようになるし、サポーター、ファンは試合にのめり込むことができるようになる。

試合がそういう状態になると、ファウルはほとんどなくなるし、たとえファウルがあったとしても選手がプレイを続けようとするので、試合が途切れなくなる。するとますますサポーターの熱は高まり、その熱によって選手たちは持てる力以上のものを発揮し出し、強度の高い、魅力的な試合展開が繰り広げられるようになるのだ。

僕は現役時代、審判員にとって一番の敵が「安心と慢心」と考えていた。なぜなら、試合中に審判員が安心、慢心してしまうと変化に対するアンテナの感度が下がり、小さな変化に気づくことができなくなるからだ。その結果ミスが増え、パニックに陥り、選手や試合を望ましい方向へ導くことができなくなってしまう。

だからといって審判員があまりにも神経過敏だと、選手のちょっとしたリアクションやサポーターの強烈なブーイングに過剰に反応してしまい、良いパフォーマンスを発揮できなくなってしまう。そういう点でいえば鈍感さもある程度は必要なのだが、鈍感すぎても変化に対する感度が下がってしまう。何事も適度が望ましい、ということだ。

危機意識を持つ

2005年にプロの審判になったとはいえ、その後何を目指すのか、何を実現させるのかがはっきりしていなかった。そのために、何をどうしていいのかわからない状態で試合をしていた。そんな僕に突然3週間の「香港研修」が言い渡された。2006年の夏のことだった。このことを知ったのは、上川徹さんと一緒に行った韓国での国際試合を終えて帰国する直前の空港ラウンジでだった。上川さんがたまたまネットでその記事を見つけて、僕に真相を聞いてきた。何も聞かされていなかった僕は、ショックで一言も返すことができなかった。

　僕は自分の非常事態に、どうしていいのかわからなかった。それもこれも目的もなく、危機意識もなく、ただ何となく審判をしていたからだと思った。この危機をどう乗り越えるのか、必死に考えた。乗り越えなければプロ失格、すなわち「クビ」になるだけだった。京都パープルサンガ時代、数多くの「ゼロ提示」を受けた選手たちを見てきた僕は、自分の危機意識のなさを悔やんだ。僕には、自分を変えることしか選択肢がなかった。

　そこで3週間ではなく、年末まで（3ヶ月）香港にいさせてほしいとお願いした。試合給なし、滞在費自腹なら、という返事が返ってきた。僕は黙ってその条件をのんで、ひとり香港へ向かった。

　香港リーグの審判を時々させてもらう予定だったが、毎週ではなかった。お金もない。試合もない。仕事もない。土地勘もないし、言葉も通じない。頼りは数名の香港在留の審判仲間だけだった。この状態を3ヶ月続けるのか、と最初は意気消沈したが、自分を変えるために自分で選んだ道だったので何とかするしかなかった。

　まず取り掛かったのは、英語だった。大学で中国語を学んでいたが、10年前のことなので使えるレベルではなかった。香港は国際都市なので、英語は通じた。僕は朝から晩までとにかく英語を勉強した。人間やればできるもので、1ヶ月も経たないうちに香港の人と不自由なく会話ができるようになった。次にどうすれば審判ができるか、香港の審判仲間に相談したところ、外国人の試合やアマチュアの試合などを僕に用意してくれた。異国のサッカーは実に面白かったし、少しだけ心が和んだ。

香港に着いてすぐ、香港リーグの試合を観戦させてもらった。正直レベルは高くはないが、日本だとすぐに警告や退場になるような荒いプレイや汚いプレイが目立った。だが香港の審判員はカードを出さずに穏便に済ませていた。翌週、香港リーグの割当をもらった。最初の試合は香港サッカー協会との約束もあり、Jリーグの基準で行った。香港の審判たちは「素晴らしい」と絶賛してくれたが、選手とは噛み合わなかった。なぜなら、そういうレフェリングをする審判員が香港にはいなかったからだ。僕は「これはダメだ。これだと選手と審判員が対立して日本の二の舞いになってしまう。自分を変えるために来た意味がない」と、危機意識を強めた。その次の試合では国際試合の基準で行った。こちらのほうが選手との関係も良好だった。この2試合で得た経験をもとに、僕はレフェリングを微調整しながら、危機意識を持ち続けながら、異国のサッカーに溶け込もうとした。

3ヶ月の滞在で、人間性やレフェリングが劇的に変わったわけではない。だが、危機意識を持って自分を変え続けたあの3ヶ月は、今も僕の礎になっている。

考えると感じる

僕は審判を引退する3〜4年くらい前から、考えるよりも感じるほうが生きていく上では大切なのかもしれない、と考えるようになった。もちろん考えることを否定しているわけではないが、観る聴く考える以上に感じる（直感）を大切にしている人のほうが、人生を楽しく生きているように〝感じる〟ようになったからである。実際、現役時代の晩年は考えるよりも感じることを重視するようになって、明らかにパフォーマンスは良くなった。

だが世の中は、感じるよりも考えることや頭の良い人が重視されている。だから現代人の多くは、朝から晩までとにかく頭（思考）をフル回転させている。この本を読んでいる人の中にも会社や学校に行ってあれこれ考え、結果を出そうと必死に考え、人に嫌われないようずっと考えている人がいるのではないだろうか。あるいは感情を抑え、葛藤を打ち消し、直感を否定しながら過ごしている人もいるのではないだろうか。

僕がいた審判界にも頭の良い人や知識が豊富な人、考えることが得意な人はたくさんいた。そういう人は、周りから「すごい！」ともてはやされていた。同時に感性が非常に高く、言語化は苦手だがレフェリングは抜群にうまい人も少数だがいた。ではどちらが皆の注目を集めたかというと、「頭の良い人」たちである。あくまで仮説だが、これも日本の学校教育の影響だと僕は思っている。美的センスの高さや心の美しさよりも、数学や国語のテストで高い点数を取る人が「優秀」と評価される。だが、本当に高い感性や心の美しい人よりも頭の良い人（記憶力や論理的思考力が高い人）のほうが優秀なのか。そもそも、毛色の違う2つを同じテーブルにのせて優劣をつけることに何の意味があるのだろうか。

僕が審判活動をはじめた頃、中道静晴さんから「試合を感じろ」「選手を感じろ」と、考えるよりも感じることの大切さを叩き込まれた。その後、上級の審判になって中道さんのもとから離れると、感じるよりも考えろという指導を受けるようになった。ただ、人は問いがなければ考えることができないので、僕は何かにつけて自分に問いかけ、考え続け、試行錯誤しながらスキルを磨いていった。だが、感じることの大切さを忘れていたので、表面的な事象にとらわれて浅はかなレフェリングになっていた。だから、パフォーマンスは安定しなかった。

そういう僕を救ってくれたのが中道さんだった。中道さんに言われていた「サッカーはアートだ」「頭で考えること以上に心で感じることが審判員には大切なんだ」を僕はいつの間にか忘れていた。「サッカーを感じようとしない奴に、選手やサポーターの気持ちがわかるわけない。そんな奴が選手やサポーターを楽しませることなんてできるわけないし、まして自分が楽しむことはもっとできない」という中道さんの言葉は、プロの審判になって迷走していた僕の頭と心の救世主になった。

自分の内なる声に耳を傾ける

多くの方が進学や就職、転職に結婚など、一度くらいは人生の岐路に立ったことはあるだろう。どうすればより良い人生が送れるのだろうと、情報を集めてあれこれ考えて決断したこともあるだろうし、考えることから離れて自分の内なる声に耳を傾けて決断したこともあるかもしれない。

先にも述べたが、僕は感じることを疎《おろそ》かにして考えることを優位にしてしまうと自分の内なる声に耳を傾けなくなり、自分のことを蔑《ないがし》ろにしてしまうところがある。そうなると外界の小さな変化に気づかなくなるし、内界の小さな変化にはもっと気づかなくなる。その結果、自分がどうしていいのかわからなくなって、道に迷ってしまった経験が何度もある。

そういう時は下手に騒がず、ジタバタせず、心を静めて、呼吸を整えるようにしていた。考えることを止め、意識を外界から切り離し、ただ静かに自分の内側に向けるようにした。そうすると自分が心の奥底で感じていること、訴えていることが聞こえてくるようになる。そういった自分の内側の小さな変化に気づくことができれば、本当はどうしたいのか、どうすることが自分にとって望ましいのかのヒントが頭ではなく心からもらえるようになる。僕は同志社大学の推薦を受ける時も、京都パープルサンガに就職する時も、志半ばでクラブを離れる時も、プロの審判となって幾度の逆境を乗り越える時も、そして引退を決断して3年頑張ると決断した時も、いつも自分の内なる声に耳を傾け、心の変化を感じ取りながらどうするか決断してきた。頭で考えたことに従っていたら、同志社大学には行かなかっただろうし、京都パープルサンガにも就職はしなかっただろう。プロ審判時代の逆境も乗り越えられずとっくにやめていただろうし、引退も決断せず今もまだ現役を続けていたかもしれない。

何が決め手だったのかと聞かれても、正直うまく答えられない。ただ、意識を頭ではなく心に向けた時、喜びや幸せを感じたというか、ざわめきや嫌な予感を感じなかったほうを選んだ。どちらの道が良かったのか。それは誰にもわからない。とにかく自分の内なる声に素直に正直になり、選んだほうをただひたすら実直に成功させてみせるという強い気持ちで邁進してきただけだ。

それともう1つ。自分の内なる声に耳を傾けるというのは、何も「心の声」だけではない。自分の「眠れる才能」の声にも耳を傾ける、ということでもある。多くの人が「自分は特別な才能なんて何もない」と決めつけている。自分がそう決めつけている限り、眠れる才能に気づくことはできない。

だが、僕は誰もが何かしらの素晴らしい才能を持っていると信じている。もちろんそれが何なのかはわからない。だが気づこうとすること、何らかの素晴らしい才能が自分の中に存在していると信じること、そしていろいろなことに挑戦すること、この3つをやり続けていけば、必ず眠れる才能に気づくことができる。

ただ、その才能はお金儲けにつながらないかもしれない。だが、その才能によって多くの人を救える、元気にできる、幸せにできるかもしれない。それも立派な才能だと僕は思う。

相手の内なる声に耳を傾ける

僕が相手の内なる声に耳を傾けることに意識を向けられるようになったのには、結婚して夫となり、父親になったことが大きい。ただそれだけでは足りないので、哲学や心理学、社会学や行動経済学などの学術書やそれらに関する論文を読み、大学院でメンタルヘルスやヒト系（人材マネジメントや組織行動とリーダーシップなど）のクラスを受講した。なぜなら、そもそも僕自身が「人間とは何か」がよくわかっていなかったし、知識がなさ過ぎたからだ。別に専門家になろうというわけではないので浅く広く知識を集めて、ところどころ深めて、人の内面を外から把握できる方法を学んだ。

知識を多く身につけたとしても、わかっていなければ使いものにならない。わかっていても、咀嚼《そしゃく》して深いレベルで吸収できていなければ活かすことはできない。意識して1度できたとしても、無意識に何度もできなければ本物ではない。そういうことが学びや経験を通じて、少しずつ理解できるようになった。

もっと早くこのことに気づき、学び、得た知識を活かしていれば、選手やサポーターの内なる声に耳を傾けながらレフェリングができたし、もっとたくさんの人を笑顔にできたのに、と一瞬脳裏をよぎったが、今更どうにもならない過去をあれこれ思うよりも、この先何とかできる未来のことを考えるように意識を切り替えた。

話は少し横道にそれるが、審判員は通常、実戦形式で審判の練習ができない。選手たちはチームに所属しているので練習は可能だが、審判員は皆が頻繁に集まって審判技術改善のためのトレーニングや良さを伸ばすためのトレーニングをする環境も機会もないのだ。だが、これではいつまでたってもうまくはならないし、日本のサッカー界が良くなることもない。なぜなら審判員が実戦形式のトレーニングを行わずに、本番（公式戦）に臨んでいるからだ。もしこれが選手や監督だとしたら、考えられないことだろう。僕は昔から審判員の環境改善は、日本サッカー界の喫緊《きっきん》の課題だと訴えてきた。

そういう課題意識を京都パープルサンガ時代から持っていたので、僕は元Jリーグチェアマンの村井満さんに「審判員のパフォーマンス改善策」の一部を就任された直後に提案したことがある。同じことを審判組織側に訴えても、聞き入れてもらえなかったからだ。だが、何も変わらなかった。審判員のパフォーマンス改善は、多くの人の関心事であるにもかかわらず、未だ実現していないことが不思議でならない。

プロ、アマ関係なく、多くの審判員は厳しい環境の中、時に朝早く、時に夜遅く、みんな個人で黙々とトレーニングに励んでいる。試合をより良いものにしたいと思いながら。そのことだけは、多くの方にわかってもらえると嬉しい。

いずれにせよ、人間関係で大事なことは、自分を押し付けるのではなく、相手をよく観察して受け止め、寄り添い、共感することである。そのための最初のステップは、相手の内なる声に耳を傾けることである。

社会の内なる声に耳を傾ける

自分と相手の内なる声に耳を傾けたら、最後は社会の内なる声に耳を傾ける番だ。ここで言う「社会」というのは、何も日本や世界のような大きな社会を言っているわけではない。家族や友人グループ、学校のクラスや会社の所属部門といった〝小さな社会〟のことを言っている。

今の世の中、なかなかひとりの力だけで生きていくことは難しい。なぜなら何をするにしても、大抵誰かの手が入っているからだ。

僕は結婚するにあたり、母から3つのことを大切にしなさいと言われた。愛する人を毎日笑顔にすること、愛する人の小さな変化を見逃さないようにすること、そして世の中の大きな流れや変化から目を離さないようにすることである。

最初は母が何を言っているのか理解できなかった。あまりそういうことを言わない人だからだ。だが、冷静に考えてみると家族という「小さな社会」をより良くする、あるいは守るためには、そこにいる人たちの内なる声に耳を傾けながら、その外側にある大きな力に目を向けながら、変化に対応していくことはとても大事なことである。

僕が夫として父親として最も大切にしているのは、妻を笑顔にすることである。これは母から言われたからではなく、僕自身がもともとそういう価値観を持っていたからである。子供が小さいうちは、父親よりも母親の影響を強く受けながら育っていくそうだ。妻を中心に子供たちの変化を観察していると、我が家の平和の中心は妻の笑顔にあるとつくづく感じる。

子供たちはまだ小さいながらも、それぞれ自分の考えや意見を持っているし、やりたいこともそれぞれあるようだ。僕も妻も2人を子供扱いせずに、ひとりの人間として向き合うようにしている。そして子供たちの自主性を重んじながら共感し、質問しながら毎日楽しく暮らしている。とはいえ、たまには制限や約束事を決めることもある。それは就寝時刻であり、スマホの使用時間や視聴内容などだ。世の中の大きな流れや変化を考えても、子供だからという理由でスマホを禁止することはしていない。だが、スマホは良い面もあるが中毒性も高く、多くの悪影響をもたらしているという研究結果もあるそうだ。そのことを親として理解しながら、子供たちの考えを尊重しながら、自分で考え行動できる人になってもらえるよう、日々家族と向き合っている。

現役時代の晩年に、ようやくまともなパフォーマンスが発揮できるようになったのは、審判員の仲間たち、両チームの選手、サポーター、ファン、関係者といった、試合に関わる人たちで構成された社会の内なる声に耳を傾けるようになったからだ。いろいろな内なる声に耳を傾けていれば、自然と小さな変化に目を向けられるようになるし、大切な人が求めていること、感じていることが見えてくるようになる。その訴えを無視せず誠実に応えていくことで、良いパフォーマンスを発揮できるようになるということだ。

信条 9 「奇人」になる

僕が「この人は天才ではなく奇人だ」と生まれてはじめて感じたのは、1986年のワールドカップ・メキシコ大会で大活躍したディエゴ・マラドーナだった。ドリブル、パス、ゲームメイク。すべてが圧倒的で、誰も彼を止めることはできなかった。当時僕は中学生だったのだが、僕の中では他の天才的なプレイヤー、ジーコやプラティニよりも圧倒的な輝きを放っていた。この大会の影響もあって、僕は朝早くから夜遅くまでサッカー漬けの毎日を送っていた。

そういった地道な努力が実を結んだのか、在学していた中学校のサッカー部での活躍が認められて福山市の選抜チームに呼ばれた。福山市の選抜チームは過去1度も広島市選抜チームに勝ったことがなかったのだが、僕たちの代ではじめて広島市選抜チームに勝って県大会で優勝した。その結果、福山市選抜チームの数名の仲間と広島県選抜チームのメンバーに選ばれ、中国地域の選抜大会に出場した。大会後、僕は監督に呼ばれて中国地域選抜チームのメンバーに選ばれたことを聞いた。そして選ばれた仲間と共に、東京の三菱養和のグラウンドで開催された全国中学生選抜大会に中国地域選抜代表として出場した。僕にとってはじめての全国大会だった。

上には上がいるもので、僕はこの大会で伊東輝悦選手（現アスルクラロ沼津）をマークしたのだが、全く歯がたたなかった。うまくて、速くて、強いだけでなく、とても頭のいい選手だったからだ。それまで「この選手はすごいな」と思った選手は何人かいたが、「この選手には絶対にかなわない。まさに奇人だ」と思ったのが伊東選手だった。まさに〝マラドーナ〟のような選手だった。

その後、僕は京都パープルサンガに就職して、さまざまなとてつもない選手たちと一緒に仕事をした。その中でもラモスさんとカズさんは、とてつもない選手を遥かに超えた、まさに奇人と呼ぶに相応しい選手だった。遠藤保仁選手、小野伸二選手、中村俊輔元選手、久保竜彦元選手に加え、イニエスタ選手、フッキ選手など、レフェリーとしてもたくさんの奇人と呼べる選手のプレイを間近で見てきた。Ｊリーグの選手はみな個性的で、特別な選手ばかりだ。

空気の奴隷になる人たち

近年、ＳＮＳで選手や監督、クラブに対して過激な言葉を使って誹謗中傷するのをよく目にするようになった。もちろん審判員もその対象になっている。多くの場合「捨てアカ」を使って身元が割れないようにしながら、汚い言葉で罵っている。そして1度「こいつは攻撃してもいい」という空気ができあがると、関係ない人まで集まってきて、寄ってたかって個人を潰しにかかる。あるいは試合中、審判の判定が気に入らないと「あいつは攻撃されて然るべき奴だ！」という空気が醸成されて、大人数が安全な場所から卑劣な言葉を使って審判員に殴りかかる。だが、そういう人たちは決してひとりでは何もしてこない。

2017年に大学院で「異文化マネジメント」を受講した時、「日本人は世界の中でも突出してハイ・コンテクストな民族」ということを学んだ。ハイ・コンテクストとは、コミュニケーションをとる上で互いの文脈や背景を共有できているレベルが高い状態のことを言う。簡単にいうと、1を言えば、10伝わるということである。これは一見、良いように思えるが、必ずしもそうとは限らない。

たとえば、集団の中で浮いた存在にならないよう自分を押し殺し、人から攻撃されないよう自分の本音を言わず、本当は大勢が間違っていることをわかっていながらそちらに流されていく、という可能性があるからだ。こういう状態に陥ると、特別よりも普通、異質よりも同質、注目よりも黙認が重んじられるようになっていく。その結果、目に見えるものよりも目に見えない空気が知らず知らずのうちに場や組織を支配していくようになる。そういうことを、これまで幾度となく見てきた。

僕はプロの審判になる前も、プロの審判になった後も、組織が掲げていた審判のあり方や方向性に対して何も疑問に思わず思考停止したまま、審判界特有の空気に身を委《ゆだ》ねて審判をしていた。空気に身を委ねれば委ねるほど、選手やサポーターから最悪と批判される一方で、審判界では優秀と評価された。選手やサポーターからの評価と審判界からの評価、そのギャップにはかなり苦しめられた。あの頃の僕は、無表情の仮面を被った「偽りの自分」だったし、空気にのまれた「弱い自分」だった。もっと言うならば「空気の奴隷」だった。そんな弱い自分が、ゼロックス杯の悲劇を起こしてしまったのだと思う。

自分の中の奇人を目覚めさせる

「奇人」と聞くと、抵抗感がある人も多いと思う。僕が考える奇人とは、自分の素晴らしい個性や特徴を存分に活かして組織や社会の発展に貢献し、多くの人を幸せにする人のことである。だからどんなに素晴らしい能力を持っていても、組織や社会に悪影響を与え、多くの人を不幸にする人は奇人ではない。あるいは稀有な才能を持っていたとしても、何もしない人は奇人ではない、ということだ。

僕はどういう人の中にも「普通の自分」や「弱い自分」だけではなく、「奇人である自分」も住んでいると思っている。だが、日本では「皆と同じであること」が重視され、「稀有なこと」や「特殊なこと」が攻撃対象になる。だから大抵の人は「人と違う自分」を極力表に出さないようにしている。

僕は子供の頃から基本的に「人と違う自分」を隠さず生きてきたので、あらゆる攻撃を受けてきた。だから日本にいる限り、「自分で自分の身を守る術」を体得しておいたほうがいいと思っている。その際に気をつけたいのが、皆と同じである自分に隠れて「本当の自分」を隠し続けてしまうことだ。「本当の自分」を隠し続けることで、本来の才能も隠れてしまいかねない。それはものすごくもったいないことであるし、自分の人生を心の底から楽しむことができなくなると思う。そういう意味で、普段は自分の中に住む奇人の自分を眠らせておいて、特定の場所や信頼できる仲間といる時にだけ解放するというのは1つの方法といえるだろう。だからこそという時には、ぜひ勇気を出して「奇人である自分」を解放させてほしいのだ。

では「奇人である自分」はどのように解放されるのだろうか。僕は次の8つのことを意識している。

・虚無から離れ、実在に目を向ける
・人目から離れ、自分を貫く覚悟を持つ

・曖昧から離れ、自分を活かし自分を全力で生きる
・同質から離れ、異質や異才を伸ばす
・平均から離れ、圧倒的に目を向ける
・妥協から離れ、野心や反骨心を大切にする
・虚偽から離れ、自分を解き放てる世界を持つ
・完全から離れ、未熟を受け止め不完全を楽しむ

これら8つのうち特に重視しているのは、「虚無から離れ、実在に目を向ける」「人目から離れ、自分を貫く覚悟を持つ」、そして「曖昧から離れ、自分を活かし自分を全力で生きる」だ。なぜなら人は、往々にしてないものをねだり、他人の目を気にし、どっちつかずの状態でいることが多いからだ。「ないもの」「他人の目」「中途半端」の3つを捨てない限り、自分の中の奇人を呼び起こすことはできないだろう。

僕は自分の個性を押し殺して、誰かの人生を生きたいとは思わない。人は皆違うからだ。問題は自分の中の奇人を解放して生きている人ではなく、「自分の中の奇人を押し殺して生きている人」にあるように感じている。すでに自分にある素晴らしい能力には目もくれず、自分にないものを持っている人を羨み、妬み、僻《ひが》む。人を攻撃することに優越感を覚える一方、自分

の弱さを受け入れず、自分が変わることを恐れている。そういう自分でいる限り、楽しい人生を送ることは決してできないだろう。あるものに目を向け、あるものを活かし、自分を全力で生きると覚悟を決めることだ。この世に完全な人などいない。自分の未熟さを受け止め、弱さを受け止め、不完全を楽しむことだ。

「優」よりも「異」「稀」「特」が武器になる

現代は競争社会で、富や権力、地位や名誉しか価値がないかのように、多くの人がそれらを得ようと日々競い合っている。その結果、得た者は妬み恨まれ、得られなかった者は自分には何も価値がないと考え、周りも競争に敗れた者を無価値な者として蔑むようになった。

僕は大学院で「マーケティング」についていろいろ学んだ。STP分析やランチェスター戦略、差別化戦略など、いかにして競争社会を生き抜くか、どうやって賢く生き残るかを、ケーススタディをもとに広く深く学んだ。マーケティング手法は、耳慣れない人にとっては小難しく聞こえるかもしれない。僕も最初はそうだった。だがマーケティング手法を学ぶにつれて、それらがビジネスの現場だけではなく、レフェリングにも日々の生活にも十分活用できることに気づいた。

たとえば他社との比較で自社の優位性をどう活かすのかを考える場合、このマーケティング手法はとても役立つ。だが、何をもって「優位」と言うのか、どれくらい優位なのか、その対象や基準は非常に難しい。

競争に打ち勝つためには、他よりも秀でること、優れていることばかりに目が行きがちだが、それは僕がいた審判の世界も同じである。たとえば「決勝戦の審判を担当する」というのが、審判界でいう優秀の証と言えるのかもしれない。もちろん異論はないのだが、審判界の俗説として「本当に優秀な審判は、準決勝を担当する」というものがある。真相はわからないが経験上、決勝戦よりも準決勝のほうが圧倒的に難しいように感じる。もっと言うならば、決勝戦よりも降格が決定する試合やプレイオフのように選手、チームにとって「生き残り」や「這い上がり」がかかった試合のほうが明らかに難易度は高い。なぜなら何かあった時に、選手やサポーターの意識がポジティブよりもネガティブに振れやすいからである。

華やかな世界の頂上決戦に登場する審判は優秀の証かもしれない。だが、その陰に隠れている準決勝や降格決定戦、プレイオフを担当する審判も優秀な審判の証だと僕は思っている。いずれにせよ、優秀かどうかは争いのもとでしかないし、テストのような絶対的な基準があれば別だが、それがないのであればそこから離れるほうが賢明だと僕は思う。

僕はこれまで可能な限り、優位さを争うレースには背を向けて生きてきた。なぜなら、僕の興味関心は「独自」にあるからだ。僕にとって独自の基準は、「異質」かどうか、「稀少」かどうか、「特殊」かどうかである。だから僕は、審判委員会が考える「優秀な審判」よりも、自分の個性を活かした「独自性の高い審判」を目指した。僕が僕らしくあるために。年末の契約交渉の時に「もっと〝模範〟となる審判になってほしい」とよく言われた。丁重にお断りしていたことは、皆さんの想像通りである。

孤独を恐れず突き抜ける

僕のレフェリングは日本の中では異端児扱いされたし、審判指導者から何度も〝普通〟に矯正されそうになった。その都度、うまくかわしながら自分を貫いてきたが、おかげでいつも孤独だった。

そんな僕のレフェリングのスタイルやパーソナリティは、国際舞台ではむしろ評価された。人の価値や評価とは実に面白いものだ。近年、FIFAやAFCが国際主審に求めているのは、テクニカルなうまさよりも、フィジカルに強い審判員だという。そして優しさや笑顔といったソフトな対応ではなく、毅然さや自己主張といったハードな対応ができる審判員という話を聞いた。これらが劣っていると良い評価を得られず、ステップアップすることは難しいのだそうだ。だからソフトな対応が得意な日本の国際主審たちは、近年国際舞台で苦労しているのである。

僕は今、審判組織から離れて個人でいろいろと活動をしているのだが、その活動の1つに、クラウドワークス社が提供しているスキルシェアサービス「PARK」で、数名の若手審判にコーチングを行っている。1級審判を受験している人から、その下のカテゴリーにいる人、もう少し下のカテゴリーにいる人など、さまざまな立場の若手審判のサポートをしている。

僕を頼ってくる彼らは1級合格とさらにその上を目指しているのだが、大きく2つのタイプに分かれているように感じている。1つは審判アセッサー（評価者）の好評価を得たいがためにミスを恐れ、小さくまとまるタイプ。もう1つは評価よりも自分の特徴を伸ばすために自分の殻を突き破り、振り切れることにチャレンジするタイプだ。

審判アセッサーは毎年、評価の基準合わせのために研修を数回行っている。審判委員会が基準を示し、評価項目と注意点や考慮事項を擦り合わせているそうだが、なかなか揃わないそうだ。なぜなら基準を示しているとはいえ、人が違えば価値観や考え方も違うので、おのずと評価点も変わってくるのは当たり前である。僕自身、かつては指導者資格を持っていたので、評価ポイントや指導ポイントは理解している。

人は他人から良い評価をもらうことを意識すると、どうしても失敗を恐れて小さくまとまろうとする傾向がある。余程の変わり者かとんでもないバケモノ級の奇人ならともかく、おとなしい人やあまり特徴のない人が小さくまとまると、見どころは薄れ、意欲を感じず、ポテンシャルも感じなくなってしまう。

アセッサーではなく、組織の上の人たちが若手に期待しているのは、ミスをしない小さくまとまった審判ではなく、ポテンシャルを感じさせてくれる審判だと思っている。もちろんそつなくこなしてほしいし、うまさも見せてほしいと、欲張る気持ちもあるかもしれない。だが、最も見たいのは大胆さであり、勇敢さであり、大器の片鱗を思わせる突き抜け感や振り切れ感ではないだろうか。無難、安牌《あんパイ》、普通、保守、完成、ではなく。上を目指す審判の方はどうか失敗を恐れず、孤独を恐れず、批判を恐れず、自分の殻を思いっきり突き破ってほしい。明るい未来はその先に待っていると思うから。

泥臭く粘り強く自分に挑む

最近よく聞くのが「努力なんて必要ない」「我慢なんてしなくていい」という言葉だ。たしかに、努力したからといって必ずしも成功し、良い思いをするわけではないことは理解できる。では世の中の成功者は皆、努力や我慢をせずに成功を手に入れたのだろうか。それは努力や我慢をどう定義するかによって、その答えは変わってくるだろう。

たとえば好きなことをやっているだけなので、努力していると思っていないとか、楽しみながらやっているので我慢している感覚はない、といった他人から見ると努力や我慢にみえることが、本人からすると全くそうではないという話は聞いたことがあるだろう。

僕自身、学校の勉強はあまり好きではなかったが、将来を見越して良い成績を残しておきたかったので試験勉強だけは必死に努力し、試験前には睡魔と闘って勉強した。一方でサッカーの練習は朝から晩までやっても、とにかく楽しかった。唯一努力や我慢という感覚を持っていたのは、苦手だった体力トレーニングを行っている時だけだった。

あるいは審判に関しても、努力して1級やプロになった感覚は一切ない。選手時代同様、体力トレーニングは努力した感覚はあるが、それ以外の技術的トレーニングやビデオ分析、動作解析や体の使い方、心理学、社会学といった学びや研究は楽しくて仕方がなかった。我慢という点でいえば、心無い人が発する野蛮な言葉を最初の頃は我慢していたが、「受け取らなければその言葉は発した本人が受け取る」ということを知ってから、我慢することなく無視することができるようになった。ただ、先ほど述べたトレーニングや研究は、かなりの時間を費やしている。1日2~3時間という話ではない。ロードバイクを6時間漕ぎ続け、10時間歩き続け、朝から夜中まで時に休憩を入れながらも体を動かし続けて体の使い方を研究した。狙ったものが体得できるまで泥臭く、粘り強くやり続けた。

　僕が夏嶋隆先生のもとで修行している時に、当時横浜FCに所属していた元日本代表選手の久保竜彦さんが訪ねてきた。体のあちこちが悲鳴をあげ、まともにプレイできないという理由だった。まずは夏嶋先生と一緒に久保さんの体の状態や癖を分析して、癖取りトレーニングからはじめた。独自の矯正法なので、なかなか言葉にして表現するのが難しいが、いわゆる一般的なサッカートレーニングではないことだけは言っておく。

　久保さんにとっては楽しくないことも多かったかもしれないが、彼は1度も文句を言わず来る日も来る日も黙々とトレーニングを続けた。僕が夏嶋先生のもとにいた4年間、何百人ものスポーツ選手と関わっていたが、練習量と手を抜かない真剣さとしつこさは久保さんが一番だった。1日何時間も動き続け、時には早朝から夜中まで一緒にトレーニングをした。チームの理解もあって何ヶ月もの間、彼は夏嶋先生のもとに居続けた。僕は京都時代を含めて、久保さんほど練習をする選手を見たことがない。彼こそ本物のプロフェッショナルだ。

逆境を味方につける

2008年8月7日にインドの中南部に位置するハイデラバードで開催されたAFCチャレンジカップの準決勝、北朝鮮対タジキスタン戦は本当に難しい試合だった。この日は朝から大雨で、準決勝の第1戦インド対ミャンマー戦はなんとか試合ができたのだが、第2戦はあまりの豪雨のため、当初の予定開始時刻を1時間遅らせることになった。

だが、予定の開始時刻がきても豪雨は止まず、フィールドは〝田んぼ〟と化していた。試合開催の最終決定は主審がするが、僕はひとりで決めるよりも数人の責任者で協議したほうが良いと考え、大会運営本部に責任者を集めてもらった。AFC側の事情もあって試合は開催する方向で話は進んだが、相変わらず雨は止まず、ボールはピッチにぷかぷかと浮いてしまうような状況だった。

そこで僕はひとまず30分様子を見て、それから試合をやるか、やらないかの最終決断をすることをAFCの大会責任者に伝えて審判控室に戻った。部屋に入ると審判の統括責任者に呼ばれ、「この状態で試合をすることはありえない。雨はお前の責任ではない。勇気を持って試合の延期を決断しろ。延期試合がいつ、どういう形で開催されるかはお前の問題ではなく、AFCの問題だ。強い気持ちでNOと言ってこい」と言われたのであった。

僕は京都パープルサンガ時代に試合運営の責任者をした経験があるので、AFCスタッフの悩ましい気持ちは痛いほど理解できた。数分間考え、結局、僕は「今すぐに試合を開始するのは厳しいが、もうすぐ雨が止みそうなので試合をやりましょう」という動物的直感を理由に、試合開始をさらに1時間遅らせて実施することを決断した。その後、なんとか雨は止んだもののフィールドは完全に水浸し状態で、普通に考えても試合ができる状態ではなかった。最悪のコンディションで試合をやらざるをえない選手たちを気の毒に思った。大会運営サイドは、僕の「試合をやる」という決定に皆大喜びしていたが、「勇気を持って中止してほしい」と打診してきた審判の統括責任者は失望した顔で僕を見ていた。

この試合は、今大会の「事実上の決勝戦」と言われて注目度が高かった試合だったが、天候の関係で両チームとも本来の戦いができていなかった。最終的にはタジキスタンが1点を決めて決勝に進出したのだが、北朝鮮の選手が2人退場（2人とも乱暴な行為）するなど、後味の悪い試合となった。

試合翌日、大会関係者から連絡があり、3日後に開催予定の3位決定戦と決勝戦が急遽6日後に延期され、ベニュー（会場）がハイデラバードからニューデリーに移るとのことだった。試合の延期とベニューの変更はＡＦＣとしては前代未聞のことらしく、なぜか僕のせいになっていた。あれだけ配慮したのに、本当に酷い話だと思った。そして今後、より高いレベルの国際試合を担当することはないな、と落ち込んだ。ところが2009年以降、ACL（アジア・チャンピオンズリーグ）の準々決勝の割当をはじめとして、ワールドカップのアジア最終予選など、重要な国際試合を任されるようになったのだった。それは先の2008年のAFCチャレンジカップにおける審判員としての判断と、試合のパフォーマンスが評価されたそうだ。

僕はあの時、あの数分間で逆境を味方につけられたのかどうかわからない。だが、さまざまな状況を鑑みながら誠実に対応し、「まだ難しいが、もうすぐ雨が止みそう」という動物的直感を理由に試合を開催するという決断を下したことで、サッカーの神様が力を貸してくれたと思っている。

信条 10

今「できること」に全集中する

2023年、僕は50歳になった。ここまでの自分を改めて振り返ってみると、自暴自棄になり、自分を意味なく責めたこともたくさんあった。そういう時は、今さらどうすることもできない過去のことにとらわれているか、何がどうなるかわからない遠い未来のことに恐れおののいていることが多かった。だから僕は、それらの幻想から脱出するために「今できることは何か」を自分に問いかけ、今できることだけに集中するようにしてきた。

たとえば、大学の時に内臓の病状が悪化して選手を引退したのだが、最初は落ち込んだものの、すぐに気持ちを切り替えた。そしてこれからどうするのか、そのために今何をするのかを考えた。そこで大学を辞め、もともと進学予定だった理学療法士の学校に入り直すことを決めて、両親と卒業した高校に伝えにいった。両親は僕の選択に理解を示してくれたのだが、母校の先生からは「退学すると推薦枠がなくなるので、それだけはやめてほしい」と懇願された。

そこで大学に行きながらカイロプラクティックの専門学校に行くことを決めた。ただし、お金が全くなかったので、自分自身に条件を課した。それは1年半で専門学校の初年度納入金、百数十万円を貯めることができたら専門学校を受験するというものだった。2年目の学費、約100万円は行くことが決まってから考えることにした。その頃にはすでに審判員としての活動も行っていたので、平日は大学に行きながらバイト、週末は審判をしながらバイト、という生活をおくっていた。周りの友達は大学生活を満喫していたが、僕は自分がやりたいことを実現させるために、今やるべきことに全集中した。その甲斐あって、何とか目標額を貯めることができ、大阪のカイロプラクティックの専門学校を受験した。

そして大学3年時に入学という夢を叶えた。ただ、残りの学費を1年間で貯めなければいけなかったので、日中は大学とバイト、夜は専門学校とバイト、週末は審判とバイトと、やらなければいけないことが増えたのでこれまで以上にやることを厳選し、必要なことだけに集中した。遊ぶ時間などないくらいかなり忙しい4年間だったが、この経験のおかげで今できることに全集中すれば、ものすごく大きな力を得られることを学んだ。

定数を動かそうとする人、変数を動かさない人

物事には法則がある。それは「変数は動くが定数は動かない」というものだ。変数とは自分の意思で変更できる物事で、定数は自分の意思では変更できない物事のことである。もう少し

具体的にいうと、僕からすると僕自身は変数であり、僕以外の妻や子供たち、選手、監督、サポーターやファンはすべて定数ということだ。そんなことはわかっているし、当たり前と思っている人もいるだろう。恥ずかしい話、僕はこれまでの人生で何度も定数を動かそうとして、変数を動かそうとしなかった。

僕はこれまで、他人に期待することはあまりなかった。その理由は、自分が誰かから勝手に期待されて、勝手に残念がられるのが苦痛なので、相手に同じ思いをさせたくないのだ。だから僕は、妻にあれこれ要求も期待もしない。気がついたことや気になることはすぐに自分でやるようにしている。結婚してすぐ、家のことは妻が担当し、資金調達は僕が担当することを2人で話し合って決めた。だが家事というのは炊事、洗濯、掃除だけではない。就業規則もないし有休もない。給与も昇級もない。その反面、やることは尽きることがない。まさに〝ブラック企業〟のようだ。僕は子供の頃、当番制で家事を兄弟で分担しながら母を助けていた。加えてひとり暮らしが長かったこともあって、炊事、洗濯、掃除など、家事全般は問題なくできるし、どちらかというと好きなほうだ。

娘が生まれた翌年に息子が生まれたことで、妻の負担が激増した。これは子供が2人以上いる女性や年子の子供を持つ親はよくわかると思う。そこで僕は、自分のことはもちろんのこと、自分が気になることはそれまで以上に徹底してやるようにした。朝ダラダラ起きるのを止め、

6時には起きて家中の窓を開け、お香を焚いて掃除機をかけて玄関周りを拭いた。それから洗濯機を回しながら軽く運動し、電車を1時間乗り継いで子供を学校まで送った。帰りは少し離れた駅で降りて1時間ジョギングして帰宅。帰宅後は部屋の片付けを軽く済ませて10時頃から仕事（以前はトレーニング）に取り掛かった。とにかく妻にできるだけゆっくりしてもらえるよう、自分が気になること、できることを全部やった。そんな生活がかれこれ10年ほど続いているが、1度も苦痛に感じたことはないし、家が片付いていない、あそこが汚れている、飯はまだか、といったことでイライラしたことは1度もない。むしろ完全に習慣化してしまっているので、やらないと気持ち悪くて仕方がない。定数には触れず、変数をいじって楽しむ。何も難しいことはなく、とてもシンプルなことだ。

目前の現実と自分の状態を冷静に観察する

国際試合は、国内の試合以上に小さなミスや一瞬の気の緩みが命取りになる。そういった境遇の違いで、緊張感の質も量も変わってくる。だから試合の入り方も、選手の対応も、気の使うところも自然と変わってくる。よく緊張するなとか、緊張はよくないという声を聞くが、僕は高いパフォーマンスを発揮するために一定の緊張は不可欠だと考えている。張り過ぎず緩めすぎず、軽すぎず重すぎずの状態をいつも探して、ちょうどいい塩梅《あんばい》に自分を整えてから試合に臨んでいた。簡単にいうと、自分を「ニュートラルポジション」に入れる、ということだ。

よく「戦闘モードに入るためにテンションを上げる」という話を聞くが、審判員にとって高すぎるテンションはあまり望ましい状態ではないと僕は考えている。なぜなら、審判員は誰かと戦うわけではないからだ。テンションを上げて興奮状態を作り出してしまうと視野が狭くなり、大事なことを見落とし、冷静な判断ができなくなる。これは審判員にとって致命傷になりかねない。だから僕は適度に力み、適度に脱力し、いざとなればいつでもフルパワーで動き出せるスタンバイの状態を作れるようさまざまな工夫をした。

たとえば、試合前は心が落ち着くような音楽を聴き、アロマの香りで頭をすっきりさせ、体をほぐし、呼吸を整え、姿勢を整えた。あるいは、客観的に自分を観察して今どのような状態にあるのか、体はこわばっているのか、それとも緩んでいるのか、手足は温かいのか冷たいのか、笑顔は自然なのかぎこちないのか、そういったことを審判控室で確認していた。

自分が「ニュートラルポジション」に入ると自然とアンテナの感度が高まり、雑音や雑念が消えて周りは静まり返る。そして、何かを意識して考え、意図的に注意を向けることはなくなる。すべてが直感的にわかるようになり、時間の感覚も変わってくる。試合の状況や流れ、選手の意図。審判員として今何をしなければいけないのか、何をしてはいけないのか。様子を見たほうがいいのか、関わったほうがいいのか。直接関わったほうがいいのか、間接的に関わったほうがいいのか。そういったことが頭ではなくどこか別の場所で感じ取れるようになり、導かれるように行動できるようになるのだ。

たとえば２０１０年にイングランドのウェンブリー・スタジアムで行われたイングランド対メキシコ戦は、僕がはじめて「ゾーン」（超集中状態）」を体験した僕史上最高の試合だった。あのレベルの「ゾーン」はそれ以降体験できなかったが、ワールドカップ・アジア最終予選やＡＦＣチャンピオンズ・リーグのサウジアラビアやイラン、オーストラリアといったアジアの強豪国や強豪クラブの試合は注目度も高く、難しくなることが多い。だからあのレベルに近づけるよう呼吸を整えながら心を静め、意識を浅瀬から深海に潜らせていった。そういう状態に自分を持っていってはじめて、選手やサポーター、ファンをサッカーに集中させることができるようになるのだ。

考え方を変える、意味付けを変える

信条４で、「自力」の中で中心に存在しているのは「考え方」だと述べた。それは、「プラス思考」「マイナス思考」というように、「プラス」と「マイナス」があるからである。

さらに僕は考え方を「陽と陰」、「正と負」の2つの軸で考えていて、考え方のプラスとマイナスはこの正と負にあたる。この2つの軸をかけ合わせると、

①陽×正、②陽×負、③陰×正、④陰×負

という4つの考え方ができあがる。

もう少し具体的にいうと、あることで失敗（陰）したとする。それが原因で人に怒られた（負）ことで、失敗は悪と考えるのが④の状態である。だが、失敗を学びの機会（正）や成長機会（正）と考えることもできる。それが③の状態だ。あるいは、あることで成功（陽）したとする。それが原因で人に恨まれた（負）ことで、成功は良くないと考えるのが②の状態である。また成功を独り占めせずに世のため人のため（正）に活かそうと考えるのが①の状態ということだ。

このように物事（陰陽）の結果や機会をどう考えるかによって、その後の自分の行動や周りに与える影響は大きく変わる。

現役時代、どのような試合でも事がうまく運んでいる時は「大丈夫。順調だ。このまま進め」という「陽の自分」と「こういう時が一番危険だぞ。そろそろ何かが起きるぞ。慎重に丁寧に

事を進めろ」という「陰の自分」がいて、それぞれの声を聞きながらレフェリングをしていた。そのすべてがうまくいったわけではないが、両方の声に耳を傾けていたことで安心や慢心に浸ることなく、不安や恐怖におののくことなく、自分をニュートラルに保つことができた。

２００６年の香港研修、２００８年のゼロックス杯、２０１６年のＪリーグチャンピオンシップ、２０１７年の町田対名古屋戦、自分の心が完全に張り裂けてしまった状態から何度も立ち上がることができたのは、物事の考え方や出来事の〝意味付け〟を「正」に変えたことで、自分を奮い立たせることができたからだ。もしいま苦しんでいる人がいるなら、どんな自分も受け止め、許し、自分の中にいる「小さな自分」をぎゅっと抱きしめてあげてほしい。そして考え方や意味付けを「正」に変えてみてほしい。過去の出来事は、意味付けを「正」に変えることで自分を苦しみや悲しみから解放することができる。僕は、そうやって逆境を乗り越えてきた。

緊急×重要×今すぐできることに集中する

逆境を克服できない、あるいはより難しい状況にしてしまうのは、大抵そういう状況の時に一発逆転を狙ってできもしないことをやろうとし、焦って挽回しようと息巻き、人の忠告を無視して事を進めるからである。この3つは、逆境時に最もやってはいけないことだが、意外とやってしまう人がいるように思う。

では、逆境時にはどうすることが望ましいのか。それはできるだけ早く態勢を立て直して、できるだけ早くその境遇から安全に抜け出すことだ。挽回行動はその後にやるものだ。なぜなら、命があればいつだって挽回できるし、怪我したとしても軽傷であればすぐに回復できるからだ。とにかく、逆境時に「一発逆転」を狙った「強引な行動」は厳禁、ということだ。

とはいえ、何をどうすればいいのか迷うのが人間である。僕は、逆境時や緊急時には「緊急性が高く、重要度が高く、今すぐできること」だけに集中することが最適だと考えている。もちろん「得意なこと」や「うまくできること」がそれに合致すれば良いが、最優先事項ではない。

たとえば火事に遭遇したとする。何を優先するだろうか。得意な仕事か。大好きなおしゃべりか。いや、まずは安全の確保であり、命の確保だ。パニックになって逃げ回るのではなく、避難方法を巡って人と言い争うことでもない。まずは深呼吸して落ち着き、関係者や119番に連絡することだ。階段や出口を確認して鼻や口をハンカチで押さえながら、仲間と協力して建物からいち早く脱出することだ。財布を忘れたとか、スマホを忘れたからといって火災現場に戻らないことだ。焦らず、欲張らず、悪あがきせず、今できることだけに集中して他は大胆に捨てることだ。お金は働けばまた得られる。スマホも後で買うことはできる。だが、それも命あってこそ、健康あってこそ、だ。邪念を払い、今できることだけに集中することは、簡単なようで意外と難しい。どうかそのことを忘れないでいてほしい。

これまでさまざまな国でリーグ戦やカップ戦、代表戦の主審を担当してきた。特段トラブルのない試合もたくさん担当したが、中には日本では絶対に経験できないほど荒々しく、殺気立ち、到底サッカーとは呼べないような試合も数多く担当した。２０１１年にポーランドリーグで1、2を争う荒いチーム同士の主審を担当した時は、はじめて恐怖を感じながらレフェリングしていた。試合前に関係者から「今日の試合は相当〝やばい〟から十分に気をつけて」と真顔で忠告された。試合中は、腹をすかせた凶暴な野生動物に食い殺されている気分だった。あれほど野性むき出しの選手やサポーターを相手にしたのははじめてだったからだ。僕はとにかく神経を研ぎ澄ませ、思考よりも直感を働かせ、野性を解放し、最悪を覚悟しながら今できることだけに集中した。

世界にはさまざまなサッカーがあり、さまざまなレフェリングがある。重要なことは、場に応じたレフェリングをすること、自分が今できることだけに集中することである。あのような試合を日本で経験することは絶対にないが、危機的状況の時は、できもしないことをあれこれやろうとすることは命取りだ。究極の選択と集中。これに尽きる。

苦難・困難を〝遊び化〟させる

普段は明るく元気な人も、逆境の時はエネルギー不足で心身共に弱っていることが多い。僕の経験上、逆境の時は頭も心も「負」でいっぱいだ。消しても、消しても負が湧き出してくる。そのせいで体は重く、動きも少なく、注意力も散漫になる。何もやりたくないし、人と関わらず自分の世界に閉じこもっていたい。だが、時間と共にお腹は空いてくるし、少しは何かしないと、という気になってくる。嫌なことや苦しいことはやりたくないが、逆境を乗り越えるためには何かやらないといけないことはわかっている。友達と会ったり、ゲームで遊んだりするのは逆境時であろうが苦にならない。むしろ現実逃避したくて、遊びやゲームに没頭してしまう。

逆境の時は、焦って物事を進めないほうがいい。自分を追い込まず、すべてを真面目にやろうとはしないことだ。幾分のゆとりを残しながら楽しく、面白くできるよう工夫する。つまりやるべきことを、遊んでしまおうという〝遊び化〟だ。何かにつけて遊びの要素を加えて、遊べるよう変換して、物事が良いほうに動き出すよう仕向けるのだ。逆境のような辛くて苦しい時こそ、真面目、必死、真剣よりも、遊びやゆとり、リラックスを忘れないでほしい。

たとえば僕は、トイレや風呂、リビングなどを「3分間きれいきれいゲーム」と称して家事を遊び化させて、いかに「最小の労力で、最大のきれいを」を実現できるかに毎日挑戦している。記録を更新した時は、妻と美味しいものを食べに行き、夜にちょっとだけ高級なビールを飲んで、頑張った自分を褒めている。

逆境時に一番大事になってくるのは、「何もするな」という〝悪魔の囁き〟に「NO！」を突きつけること。小さなことでいいのでとにかく行動することだ。そのためには、苦なく、難なく、無理なくできることを強制的に行う「仕組み」を作ることが、成功のカギだと思っている。そこで自分を強制的に動かすために、「3秒ゲーム」というものを行っている。何か行動する時、状況に関係なく強制的に「3、2、1、GO！」とカウントダウンをかけると、言い訳を考える間もなく自分の体を動かすことができる。これを朝起きる時や食事を終えて片付ける時など、自分が「あーだるいな、面倒くさいな」と思った瞬間、間髪入れず行うようにしている。

きっかけは何であれ、人は自分の体が少しでも動き出せば、感情や思考の〝奴隷〟から一瞬で解放される。そして1度動き出せば誰もがやり続けようとするし、たとえ不安や迷いがあっても、行動している間だけはやっていることに没頭する習性がある。逆境時はその習性を活用しながら、次なる飛躍の機会をうかがうようにしたほうが事故は少ない。そうやって「小さな動き」を繰り返し起こすことで、徐々に「小さな渦」が形成され、その後さらに小さな動きを繰り返すことで、小さな渦は徐々に「大きな渦」へと成長する。すると次第に流れが負から正に変わり、逆境を乗り越えられるようになるというわけだ。

こうした「苦難・困難の〝遊び化〟」は、普段の生活や仕事などのつまらない作業にも使えると思う。「そんなことで？」と思うかもしれないが、実際やってみると灰色の世界を一瞬で明るくて面白い世界に変えてくれる。その一瞬を1秒、1分、10分に育てていくのは、自分の行動と遊び方次第だ。

信条 11　静かに身を潜める

2022年度のサッカー審判登録者数は26万8045名（前年度比0・2％増）で、そのトップに君臨する1級審判員は215名（前年度比14％増）である。そのうち160名（主審60、副審100）がJリーグを担当し、約9割の方が普段は審判以外の仕事をしながら早朝や夜遅くに審判のトレーニングをしている。あるいは、自腹を切って近所の治療院に通いながらコンディションを整えている。残りの1割が日本サッカー協会とプロ契約を結んでいるが、全国各地に住んでいるのでいつもひとりで黙々とトレーニングしている。

僕はJリーグのクラブで仕事をしていたので、「プロ」としてなくてはならない最低限の環境や条件を実際に見てきた。そこを基準に考えると、今の日本のトップ審判だけでなく、すべてのカテゴリーの審判員たちの環境は〝劣悪〟と言わざるを得ない。とはいえ、屋根付きの専用スタジアムがそう簡単に建築できないのと同じで、審判員の環境を改善するには多くの方の理解や協力が必要になってくるし、多額の資金も必要になってくる。

審判の仕事は、皆さんが思っている以上に過酷で大変な仕事だ。上のカテゴリーに行けば行くほど、プレッシャーはきつく、1つたりともミスが許されない。何かあればすぐに叩かれ、何もなくても〝難癖〟をつけられる。多くの人が「改善を求む！」と言いながら、誰も審判員の環境改善に手を差し伸べない。試合が最高のものになるかどうかは、審判員の「腕」にかかっている部分が大きいにもかかわらずだ。

そういう状況なので、十分な教育システムもトレーニング環境もない。責任が大きいわりに報酬も低い。はたして、そういう環境で今後、審判になろうという人、それも優秀な審判員は育つのだろうか。世界では審判をやる人が激減していて、公式戦ができない状況が生まれているそうだ。今のままだと、日本も同じような状況になるかもしれない。

焦らず守勢を整える

僕は、勝つよりも〝負けない〟ことが人生も勝負事も大事だと思っている。まずは戦わなくてすむように戦略を練り、態勢を整える。それでも相手が攻めてきたら攻撃を避け、極力戦わないようにする。それでも戦うしかないなら、負けないことを第一に考えながら一瞬で仕留めるための戦略を練り、相手の隙を見出して一撃で仕留める。これが僕の基本方針である。

サッカーにおける審判には勝ち負けを決める役目はないし、攻めも守りも無縁の立場にある。

ただ、攻守の考え方を審判に当てはめてみると、「功」は感動や歓びの創造、「守」は安心や安全の確保ということになるだろう。アメリカの心理学者アブラハム・マズローが唱えた「欲求6段階説」を何かの書籍で読んだことがある。そのマズローによれば、人間の欲求は低い段階から順に、生理的欲求（食欲や睡眠欲）、安全欲求（心身の安全）、社会的欲求（帰属と愛）、承認欲求（称賛や肯定）、自己実現欲求（夢の実現）、自己超越欲求（世のため人のため）があり、下層の欲求が満たされると、上層の欲求が現れるという。

これらを選手に当てはめて考えてみると、最下層の「生理的欲求」は選手自身の問題であるが、その上位にある「安全欲求」は選手と審判員が向き合う必要があるものだ。そして、社会的欲求も承認欲求も選手と審判員が向き合うものである。「良い試合」をどう定義するかにもよるが、選手にとっての下層欲求である「安全欲求」を満たし続けない限り、選手はのびのびとプレイできないので、良い試合は実現しないということだ。

最近のJリーグや地域・都道府県レベルの試合を見ていると、まさにこのマズローが唱えた「欲求6段階説」が理解できていない指導者や審判員が多いと感じる。相手の満たされない欲求を無視して、自分のエゴを押し付けている人の何と多いことか。僕自身がかつてこのことがわからず、ひどいレフェリングをしていたので控えめに小声で言うが、こういった人間の性質や特徴を理解していれば、掛ける声も気にする観点も変わってきて、良好な関係はもっと早く築けるようになる。指導者や審判員はそのことに早く気づいて、学んで、実践してほしい。自分の守勢を整え、相手の守勢を整えてはじめて歓びという「勝ち点」を手にすることができるというものだ。

自分を整える

僕は「自分を整える」というのは、自分の精神と肉体と言動の3つを健康にする、あるいは健康状態を保つことだと考えている。どういうことかというと、

・精神の健康　心が落ち着いていて、考え方が正（プラス）の状態
・肉体の健康　病気や怪我をしておらず、活発な状態
・言動の健康　使う言葉が美しく、態度や行動が相手にとって心地よい状態

ということである。

なぜなら、僕たちの心と体はつながっていて、お互い影響し合っているだけでなく、言動もそれらと密接に関係しているからだ。だからこれらが健康であれば、自然と自分が整っていく

というわけである。そしてこれらは、どれか1つだけが良ければいいというわけではなく、3つがバランスよく整っていることが大事である。

僕は自分を整えるために、自分の機嫌は自分で取る、食事と睡眠と運動は疎かにしない、そして相手を敬い自分を慎むということを大切にしている。この中で「自分の機嫌は自分で取る」ことが一番苦手なのだが、これができなければ自分を整えることは絶対にできないと思っているので、自分の感情を観察し受け止めることや瞑想を行っている。

怒りや不安といったネガティブな感情は決して悪いものではないし、絶対に自分の中から消えることはない。だからそういう感情が生まれると「あ、自分は今怒っているのか」「いったい何に怒っているのか」など、その時の感情に評価を与えず、ただ素直に向き合うようにしている。そうすることで、随分と自分を落ち着かせることができるようになった。瞑想は時間がある時は15分くらい、時間がなければ1分くらい行っている。これらをはじめてから、驚くほど自分の機嫌を取ることができるようになった。その影響は、実際のレフェリングにも活かされていたと思う。

自分を整えるための食事でいうと、旬の魚や野菜を中心にバランスよく取るようにしている。たとえば、トマトはスーパーに行けば1年中買うことができるが、ハウス栽培ではない旬のトマトを食べると体調が変わってくる。人の体というのは実に面白い。今の時代、お金をかけなくても知識や行動次第で良い食材は割と簡単に手に入るので、体調がいまいちスッキリしない方は食事の改善、食材の見直しをお勧めする。

それから僕は睡眠の質を高めるために、寝室の環境（寝具やカーテン、室温と湿度、香りなど）改善には力を入れたし、睡眠時間や寝るタイミング、寝る前の状況にもこだわった。その結果、体調は随分と良くなったし、それがパフォーマンスにも出ていたと思う。疲れがなかなか取れない、日中眠いといった症状がある方は、1度自分の睡眠環境を見直してみることをお勧めする。

何事もそうだが、自分の状態が整っていないと、仕事も、勉強も、遊びも、十分に楽しむことができないし、いいパフォーマンスを発揮することができない。呼吸を整え、心を整え、身なりを整え、言葉を整え、顔の表情を整えることで、人は明るく元気で前向きに行動することができるようになる。そのことを忘れないようにしたい。

環境を整える

審判の任務の1つに「試合環境を整える」というものがある。選手が安心してプレイするために、選手が集中してプレイするために、そして選手が自分の力を最大限発揮するために、審判員は時にリーダーシップを発揮して選手を導き、時に試合をコントロールして選手を落ち着かせて、たくさんの人がサッカーを心から楽しめるよういろいろと工夫しながら、試合の環境を整えている。

ただ、どこまで整えればいいのかは意外と難しく、あまり審判員が手を加え過ぎても試合は味気ないものになってしまう。一方で、整えようとしなければ選手のテンションはどんどん上がっていき、サッカーではないシーンが増えてしまう。このあたりのさじ加減は難しいが、両チームのキャプテンと話をしながら〝いい塩梅〟に試合環境を整えるのは審判員の責任であり、審判の面白さややりがいでもある。

話は少し変わるが、僕は親には、子供が安心して快適に暮らせる環境を提供する責任があると思っている。娘は最初、私学に通っていたのだが、ある時様子がおかしいことに気づいた。しばらく様子を見ていたら、日に日に元気がなくなっていった。そんなある日の朝、涙目で「学校に行きたくない」と訴えてきた。理由を聞くと、人間関係で悩んでいたようだ。僕も娘と同じ経験があるので、娘の気持ちは痛いほどよくわかった。その日は学校を休ませた。翌朝、娘は学校へ行った。「無理しなくていいんだよ」と言うと「もう大丈夫」と言って笑った。その後しばらく様子を見たのだが、娘も僕たち親に心配をかけないように気を使っているのか、元気がない日もあったが口には出さなかった。

数ヶ月後、僕は娘に学校生活を楽しんでいるのか聞いてみた。娘は一瞬無表情になったが、それなりに楽しんでいると答えた。やはりまだ、娘の中にわだかまりはあるようだった。ここでそっとしておくか、少し本心に触れてみるか一瞬迷ったが、僕は娘の本心と真剣に向き合うことにした。といっても、友達とのことをとやかく聞くつもりはなかった。娘がこれからどうしたいと思っているのか、そのことで今困っていることはあるのか、そんな娘の未来の話を2人でしようと思っていた。

娘はその頃、ピアノやダンス、クラシックバレエなどを習っていた。それはそれで楽しいし続けたいが、今一番やりたいのはテニスと答えた。テニスをしている時の自分が一番好きという理由だった。その時通っていた学校が家から遠かったので、時間にゆとりがなかった。そこで娘と話し合った。家の近くの学校に転校して習い事を全部やめて、テニス漬けの毎日をおくることを娘が決めた。僕は全力でサポートすることを誓った。

同じことは息子にもあった。小学2年生の時に突然「もう学校には行かない。絶対に行かないから！」と大泣きして僕のところに訴えてきた。原因は、我慢ならぬ人間関係にあったようだ。息子の場合はそう簡単に学校を変えることができないのだが、変える前提であちこち転校先を探した。そして学校側と相談して、転校させることにした。家から1時間電車を乗り継いで行くので、当初は本人も大変そうだった。だが、いろいろと工夫しながら、本人の努力で苦が楽になったようだ。

学校生活や職場などで我慢が必要な時もある。とはいえ、我慢すればすべての問題が解決するわけではない。環境に合わせることも大事だが、環境を変えることも同じくらい大切なものだ。どちらも簡単なことではないが、環境を変えることで心身の安全が確保できるなら、自分の人生がより豊かになるなら、勇気を出して環境を変えてから、身の回りの環境を整えていく方法も選択肢の1つである。世界は僕たちが思っている以上に広い。環境が合わなければ変える。環境が乱れていれば整える。ただそれだけだ。

関係を整える

「関係を整える」というのは、何も人間関係を整えることだけではない。たとえば学校や会社、仕事や趣味との関係もこれにあたる。さらに、過去や未来、お金や知識、運や縁との関係もそうだ。先にも触れたが、過去の出来事を変えることはできないが、意味合いを変えることで過去の出来事との関係性を変えることはできる。未来との関係性は、自分の考え方や行動を変えることで変わっていくのだ。

また、人の悩みのほとんどが人間関係だと言われている。友達や恋人、家族、会社の上司や学校の先生との関係に悩んでいる人は多い。僕も京都パープルサンガ時代は職場の人間関係だけでなく、サポーターやファンの方との関係をどうやって良くするのかいつも考えていたし、審判員として選手や監督、チームスタッフとの関係にいつも悩んでいた。

プロになった2005年頃は「技術力の高い審判がいい試合を演出する」と思っていたが、2009年あたりから「対人関係力の高い審判がいい試合を演出する」と思うようになった。もちろんどちらも必要な能力だが、いくら判定が正しくても、選手が納得しなければ試合は荒れる。一方で、たとえ判定が間違っていても、選手との関係が良ければ試合は荒れない。それに気づいてからは、技術力向上以上に対人関係力向上に力を入れた。具体的には、心理学や社会学、コミュニケーションに関する本を読んで知識を増やし、その得た知識を実際の試合で試して自分のものにしていった。

たとえばウォーミングアップの時に、タイミングを見計らって選手やスタッフに声を掛けてコミュニケーションを取り、入場前にも話しかけた。試合中にミスしたと思えばすぐに謝ったし、選手が転倒したりして怪我をしている様子だったら丁寧に対応した。ただし、あくまで選手と審判の関係なので〝一線〟だけは越えないよう、いつも気をつけていた。そうしないと、イエローカードやレッドカードを出す時に躊躇してしまうからだ。それではプロの仕事ではなくなってしまうので、「何のためにそれをやるのか」という目的を忘れないよう常に意識していた。

そういう地道なことの積み重ねによって、選手との関係性は徐々に改善していった。

それ以外でいうと、僕は自分の世界と未来をより良くするために、2つのことを大切にしている。1つは自分を変化させ続けること、もう1つは付き合う人を選ぶことである。この考え方に嫌悪感を抱く人もいるかもしれないが、僕は自分が変われば、自分に合う人は自然と変わっていくものだし、付き合う人が変われば、自分もいい刺激を受けてより成長できると思っている。あるいは、人から受ける影響というのは良くも悪くも大きいので、限定された狭い世界の人とだけ付き合うよりも、いくつか異なる世界の人とつながっているほうがいろいろな気づきや学びを得られるので、自分をより高められると思っている。

実際、昔から多くの異なる業界の人や異なる立場の人と付き合ってきたし、成長に合わせて自然と付き合う人も変わっていった。そのおかげで、自分の過ちを正せたし、自分を大きく変えることもできた。今の僕があるのは、たくさんの刺激的な人たちのおかげだ。

静かに心を燃やし続ける

試合でも仕事でも、試練や困難を乗り越えられるかどうかは「静かに心を燃やし続けることができるかどうか」で決まる。なぜなら、人は何か辛いことや嫌なことがあると、ついやる気をなくして諦めモードに入ることが多いからだ。もちろんさっさと諦めて、新しいことに挑戦してもいい。だが、逃げ癖や諦め癖がついてしまうと忍耐力が育たないので、本当に得たいものがあってもそれを得ることができなくなる。僕の経験上、得たいものが大きければ大きいほど、得るものが困難であればあるほど、忍耐力と継続力は欠かせない。そのためには、自分の心を燃やし続ける「何か」を失わないことだ。

京都パープルサンガ時代、僕はたくさんの選手と一緒に仕事をしてきた。そして国内外で700試合を超えるトップレベルの公式戦の主審を担当してきた。そういう経験を踏まえて思うことは、選手にはそれぞれ事情や願望があるということだ。ワールドカップで自国を優勝させるという意志。監督を見返してやるという反骨心。もっとうまくなって上の世界で勝負してやるというハングリー精神。あいつにだけは負けてたまるかという不屈の精神。いつも正々堂々と戦うという信念。

プロの選手たちは本当にいろいろな事情や願望を持ちながらプレイしているし、その思いの強さや粘り強さの違いによってその後、大きく飛躍していった選手をたくさん見てきた。パク・チソンさん（元韓国代表）がそうだし、松井大輔さん（現Y.S.C.C.横浜）もそのひとりだ。

僕の話でいうと、日本サッカー協会から国際主審に推薦されてFIFAに承認された時は、

〝日本代表〟として世界における日本の地位向上に貢献することだけを考え、そのことにすべてをかけた。研修会では積極的に自分の意見を述べ、仲間と積極的に議論し、トレーニングでは先頭を走るようにしていた。もちろん荷物運びや後片付けなども日本の国際主審たちと手分けして積極的に行った。試合を担当する時には、自分への評価がどうこうではなく「日本が評価される」ことを意識して自分のすべてを出し尽くした。そして一定の役目を終えたと実感したので、任期を残しながら後輩に後を託した。

あるいは、自分の未熟さや至らなさが原因で試合をうまく導けなかった時は、何度も心の火が消えかかった。だが、仲間や家族のおかげで火が消えることはなかったし、自分のためではなく選手の喜びのために、サポーターやファンの喜びのために、さらに日本サッカー発展のために全力を尽くそうと思えるようになった。そして、そう思えば思うほど心の火は炎と化し、どんどん大きくなっていった。

信条12 「美しく」ある

僕は日本人に生まれて、本当によかったと思うことが2つある。1つは自然が豊かなこと。もう1つは食べ物が美味しいことだ。世界には四季のない国や地域もあるし、気温や湿度もバラバラだが、この美しい自然に囲まれた日本という国は本当に素晴らしい国だと、世界中の人に声を大にして言いたい。

そんな僕が日本の四季の中で一番好きなのが春だ。寒さをしのいでエネルギーを溜め込んだ木や草たちが、ポカポカ陽気に触発されて新芽を出す。小鳥がさえずりはじめ、たんぽぽが道の隅っこで小さく笑いはじめる。そんな春の様子を眺めながら、心地よい風を全身に感じながらの散歩やジョギングは至極の時間だ。

春の次に好きな季節は秋だ。僕は京都に住んでいた頃、よく紅葉を見に行った。清水寺や東福寺、高台寺もよく行ったが、八坂神社や南禅寺、禅林寺、哲学の道辺りをゆっくり散歩するのが特に好きだった。ライトアップも幻想的で好きなのだが、僕は太陽の光を浴びている紅葉のほうが好きだ。紅葉が面白いのは、遠くから見るといろいろな赤や黄色がハーモニーを奏でているのに、間近で見ると枯れた葉や穴の開いた葉といった一見美しくないものもたくさんあるところだ。

そんな紅葉を見ながら、ある時ふと思った。僕は美しい人間なのだろうか。それとも醜い人間なのだろうか。明るい自分、面白い自分、楽しいことが好きな自分。そういう自分を思い浮かべた一方、弱い自分や醜い自分、だらしない自分も同時に思い浮かんだ。美しくありたいが、それまで自分が美しくあることや美しい人間についてあまり深く考えたことがなかったので、はっきりとイメージできなかった。イメージできなければ、人はそういう人間になることができない。僕はその日以来、僕にとって美しいとはどういうことなのか、どうあれば美しくいられるのかを考え、美しくあることに挑戦することにした。

自分の醜さを愛でる

僕の中には「醜い自分」がいる。そいつは子供の頃からずっと僕の中に居続けている。僕は忍耐力があまりないので、昔から我慢することが苦手だ。たとえば何かをやっていて、それがうまくいかないとついイライラするし、理由なく待たされるとつい不機嫌になってしまう。人から「アホだな」と言われてもカチンと来ないが、「お前バカだな」と言われるとつい反応してしまう自分がいる。若い頃はかなり尖っていたので、サポーターからブーイングされると「そんなに言うなら1回やってみてよ。本当に大変なんだから」と心の中で思うこともあった。

内臓の病気が原因で、全力でサッカーができなかった高校生の頃は最上級に醜かった。思いっきりプレイできない自分にイライラすると、胃が痛んで吐血する。強度の高いトレーニングをすると、胃が痛んで吐血する。その結果、練習も試合もできない自分にイライラしてまた吐血する。3年間ずっとそういう状態だった。僕の人生の中で一番「最悪」という言葉を吐いて腐っていた。

そんなある時、母に連れられてあるお寺の住職の方と話をする機会があった。その時に、自分の中にいる「醜い自分」の話をしてみた。僕の話を聞いた住職の方は優しく、ゆっくりとした口調で、人の心の話や煩悩の話、どう向き合えば良いのかといった解決方法をわかりやすく丁寧に話してくれた。

「頭であれこれ考えるのではなく、素直な心でありのままの自分を愛でなさい。光り輝く美しい部分だけでなく、醜いと感じる部分も同じように愛でなさい。嫌わず、無視せず、閉じ込めず、温かい心で包んであげなさい。無理に良くしようとせず、変に良し悪しをつけようとせず、ただありのままを受け止めなさい。そうするだけで、醜さは美しさに変わりますよ」

その時は住職の話を十分に理解できなかったが、醜さを愛せばそれが美しさに変わるという言葉は、高校生の僕の心にとても響いた。

あれから随分と時間は経った。今でも僕の中に「醜い自分」はいる。だが、かつてよりも可愛い奴だなと思えるようになったし、そういう自分を受け入れられるようになった。人は変わりたいと願い、変わる努力を続けていれば、いつの日か変わることができると僕は信じている。

試合を美しくする

多くの人が見て、聞いて、美しいと感じるものには、ある一定の秩序がある。たとえば音楽には、音色やリズム、速度、旋律、構成といったものがあると、高校生の時に音楽の授業で習った。あるいは美術の授業では、対比や対立、比率と割合、協調といったものがあることを習った記憶がある。

サッカーは人によって見方や考え方は異なるが、僕は芸術性が非常に高いスポーツだと考えている。試合にはリズムや速度、強弱や構成といったものがあるからだ。サッカーにこうした要素がある以上、審判は観ることや聴くことだけでなく、今試合はどういうリズムなのか、どういう旋律なのか、攻守の比率や反則の割合はどうなっているのか、そういうことを感じながら、試合を進行することが求められていると僕は考えている。

試合が美しくなるかどうかは、選手やサポーター、ファンだけでなく審判員の力量や価値観によるところが大きい。いくら選手が素晴らしいプレイをしようが、サポーターやファンの熱気が最高だろうが、その試合の〝指揮者〟である審判のタクトによって魅力度は大きく変わる。もちろん多くの審判員は「美しい試合にしたい」「最高の試合にしたい」と思いながら最善を尽くしている。ただ、そういう思いはあっても、判定の「○」「×」ばかりに意識が向いて試合を感じることができなければ、美しい試合や最高の試合が実現することはない。

かつての僕は感情の奴隷だったこともあるし、競技規則の奴隷だったこともある。評価や常識の奴隷だったこともあるし、美しさではなく醜態をさらしたこともある。だから選手から受け入れてもらえず、サポーターやファンからブーイングされ、メディアで叩かれ続けた。「どうして僕はこんなにもダメなんだろう」という結果と原因ばかりに目を向け、「どうすれば僕は試合を美しくできるのだろう」という解決策に目を向けていなかった。

ある時、友人に誘われてオーケストラのコンサートに行った。圧巻だった。最初から鳥肌が立った。あれ程の音量を全身に浴びたことがなかったのもあったが、まるで音が生きているかのようだった。あっという間の2時間だった。完全に心を奪われた僕は演奏終了後、気がついたらスタンディングオベーションをしていた。もちろん僕だけではなく、会場総立ちで拍手を送っていた。

僕は聴き方にマナーがあるのかもしれないと思い、演奏がはじまる前に友人に尋ねた。すると「何も気にしなくていいよ。全身で音楽を楽しんで」とだけ言われたので、僕は音楽に身を委ねるために目を閉じて全身で音楽を感じるようにした。

ただ、職業病なのか、気がついたら目を開けて指揮者を見ていた。技術的なことはわからないが、とても楽しそうだった。演奏している人たちも皆、楽しそうに活き活きと輝いていた。「ハーモニーを奏でる」とはこういうことを言うのかと、はじめての経験に自然と笑みがこぼれた。

観る人と演奏する人の関係や楽しみ方はサッカーとは違うが、僕は多くの共通点と学ぶべき点があると、このコンサートを通じて感じた。この経験によって僕は「審判員が試合を美しくするとはどういうことなのか」のイメージができるようになった。

勝ちの美学、負けの美学、態度の美学

何事においても、自分なりの「美学」を持っていたほうがいい。たとえば、「勝つためには何をやっても良いし、バレなければ良い」というのも1つの美学であり、「正々堂々と最後まで全力で闘うことが大事だ」というのも1つの美学である。あるいは「たとえ負けても美しくある

う」というのも1つの美学なのだ。僕は、日本人の多くは清廉潔白を大切にしていると思っているので、「ズルしてでも勝つ」という価値観を受け入れにくいと思っている。だが、世界中の人が皆そういう価値観なのかというと、はたしてどうだろうか。

たとえば、2018年のワールドカップ・ロシア大会の日本代表のポーランド戦の戦い方は、世界中の人を巻き込んで議論された。ルールに則って戦い、結果は負けたが決勝トーナメントに進出するという目標を達成した。戦いに〝きれいごと〟はいらない、結果がすべてという意見もあった。日本の戦い方は美しくないという意見もあった。あるいは「立つ鳥跡を濁さず」の精神で、日本代表が使ったあとのロッカールームや、試合後のサポーターの行いがSNSで取り上げられて話題となった。僕は日本人らしい美しい行いだなと、嬉しい気持ちになったが、そう思わない人たちも少なからずいたようだ。何が正しいのか、何を美しいと感じるのかは人それぞれ違うものだし、違っていい。ただ、押し付けるものではないと思う。自分の美学に基づいて行動したのかどうかだけだ。

僕はこれまで、国内外でたくさんの決勝戦や決定戦の主審を担当してきた。勝利を目指して全力でプレイする選手をたくさん見てきたし、判定が気に入らなくても自分を律して行動する選手もたくさん見てきた。

たとえば、2015年に開催されたJリーグヤマザキナビスコカップ決勝、鹿島アントラーズ対ガンバ大阪戦は本当に素晴らしい試合だった。試合後の表彰式でガンバの選手たちは負けた悔しさをひた隠し、アントラーズの選手たちを称えていた。そして鹿島アントラーズのキャプテンである小笠原満男さんは、チームのキャプテンとして試合中に何度も僕に対して意見を主張していたが、表彰台を降りた後にわざわざ僕のところへ来てくれて「今日はありがとうございました」と目を赤くしながら話しかけてくれた。ガンバの選手たちの態度は本当に美しかったし、小笠原さんをはじめ、アントラーズの選手たちの態度も本当に美しかった。

かつては大阪体育大学教授、そして現在は関西国際大学の名誉教授を務めておられる坂本康博先生は以前、「負けたのは自分が弱いからだ。相手が強いからではない。それを受け止められずに、やれあいつが悪い、審判員が悪い、グラウンドが悪いと言う選手や監督は、良い選手、良い監督には決してなれない。負けには負けの美学があるし、勝ちには勝ちの美学がある。プロだろうがアマだろうが関係ない。ましてプロなら人を魅了させてなんぼだ。勝って魅了する、負けても魅了する。試合以外でも魅了する。それが本物のプロというものだ」と僕に話してくださった。

審判には勝ち負けがない。だが、プロの審判として美しさを追求することはとても大切なことだと、坂本先生の話を聞いて思ったし、たくさんの人を魅了する美しさを持った審判員になろうとあの時誓った。

続ける美学、辞める美学

僕は京都パープルサンガ時代を含めて、本当にたくさんの選手たちを見てきた。実力がありながらも怪我や病気で引退した人。カテゴリーを変えながら長くプレイを続けている人。自分で見切りをつけて違う世界で活躍している人。指導者になる人。クラブのスタッフになる人。皆それぞれ自分の人生と向き合いながら、いつまで続け、いつ引退し、その後どうするか。これという正解がない中で悩みながら、もがきながら生きている。

カズこと、三浦知良さんは56歳の年齢にもかかわらず、まだ第一線で活躍している。人としてもひとりの男としても本当に尊敬しているし、一緒に仕事ができたことを誇りに思う。現役時代、とても良くしてくださった吉田寿光さんは、60歳にもかかわらず未だに笛を吹いておられる。僕にはできないことなので、本当に尊敬する。

僕は「辞める美学」について、現役時代に2つのことを考えていた。1つは、防げたはずの大きなミスをした時は潔く辞める。もう1つは、自分のトップパフォーマンスが少しでも落ちたと感じたら、潔く辞めるというものだ。そして現役を辞めても家族が路頭に迷わないように、現役を続けながらグロービス経営大学院に通い、人脈を広げ、いろいろなことに挑戦した。プロの審判になった32歳の頃はまったく考えていなかったが、2008年のゼロックス杯を機に辞める時の条件を自分なりにはっきりさせた。そして辞めた後にどうするかは、30代後半には考えはじめていた。

僕の「続ける美学」は、自分が「これだけは絶対に実現させる」という強烈な志が見つかった時は、たとえ失敗しようが、人から何を言われようが、ただひたすら実現に向けて猛進するというものだ。

2017年の町田対名古屋戦で引退を決断したにもかかわらず、なぜすぐに辞めなかったのか疑問に思っている人も多いだろう。もちろん最初はすぐに引退しようと思った。僕には明確な「辞める美学」があったからだ。ただ、いろいろな人と話していく中で、「責任の取り方は辞めることだけではない」ことを知った。僕が辞めれば多くのサポーターは喜ぶだろうが、向き合うのはそこではないと思った。

僕が向き合うのは、「自分が実現したいことは実現できたのか」「辞め急ぐのは早く楽になりたいという逃げの気持ちからではないのか」、そして「すべて出し尽くしたのか」の3つだった。それらと向き合った時に、「最小の笛で、最高の試合を絶対に実現させてやる」という強烈な思いが自分の内から出てきたのだ。だが、自分の「辞める美学」を覆すことに、ものすごい葛藤と抵抗があった。悩みに悩んだ。そういう時に妻が、「やりたいことがあるなら、それを全力でやる。ただそれだけでいいんじゃないかな」と話してくれた。妻の言葉にはっとした。僕はどうするか決断した。自分に折り合いをつけるために、3年限定で挑戦することに決意を改めた。結果的に選手やサポーター、ファンの方がサッカーを思いっきり楽しむ姿を見ることができたので「続けてよかった」と思った。一方で、あの時の決断が本当に正しかったのかどうかは、今でもわからない。

感謝と寛容が自分の器を大きくする

僕は「感謝と寛容が自分の器を大きくする」と思っている。子供の頃から「ありがとう」という言葉が本当に好きだった。理由は、言うほうも言われるほうも必ず笑顔になるからである。本当に魔法の言葉だと思う。ただ、1つ残念に思っていることがある。それは「ありがとう」を言う場面で「すみません」と言う人があまりにも多いことだ。「ありがとう」と言えばお互い笑顔になるのに、「すみません」と言ったがために、言うほうも言われたほうもお互い申し訳なさそうな表情をしている。見ているこちらも申し訳ない気持ちになってくる。

現役時代、試合中によく「ありがとう」と選手たちに言っていた。これは、2011年にイングランドでの学びを取り入れたものだ。僕の知る限り、イングランドの審判たちは試合中、本当によく選手を褒め、感謝の気持ちを伝えている。「相手に気を使ってくれてありがとう」「今のプレイは本当に素晴らしいね、ありがとう」「冷静に話をしてくれてありがとう」「今日は本当にいい試合だった、ありがとう」などだ。見ていてもとても気持ちがいいし、戦いの中の殺伐とした空気の中で一瞬だけその場に温もりが生まれる。「ありがとう」の気持ちと言葉が大好きな僕は「これはいい」と思い、即座に取り入れることにした。

そして「寛容」は、僕が子供の頃から苦手としているものだ。何とかしたいとずっと思っていたのだが、人としての器が小さな僕にはなかなかハードルが高かった。そんな器の小さな僕を、真っ当な男に育ててくれたのが妻だった。妻のすごいところは、人としての器が大きいところだ。何があっても、どんな時でも、いつも笑顔で「大丈夫、大丈夫。何とかなるって」と明るく優しく包んでくれる。

妻と結婚して10年以上経つが、自分の器がどれくらい大きくなったのか、人としての寛容さがどれくらい身についたのかはわからない。ただ、小さなことでイライラしたり、自分を責めたり、誰かを許せないと思う気持ちは本当になくなった。「大丈夫、大丈夫。何とかなるって」精神が僕の中にも芽生えているのだろう。妻には本当に感謝してもしきれない。いつも本当にありがとう。

また父親になったことで寛容になった。純真無垢な2人の子供たちは、僕の器を間違いなく大きくしてくれた。僕は未だ〝未熟な子供〟なので、反射的に感情的になることもある。反省の毎日だが、その反省が僕の寛容さを育ててくれているように思う。

自分のことは許せても相手のことを許せない人、相手のことは許せても自分のことを許せない人、その両方で苦しんでいる人もいると思う。寛容はそう簡単に身につくものではない。ただ、寛容さが身につくと、心が海原のように穏やかになる。自分を許し、相手を許す。過去の自分を許し、相手の過去も許す。あまり難しいことを考えず、ただ受け止めて許す。日本人はあまりハグをしないが、人の温もりを肌で感じる行為は、そのための第1歩になるかもしれない。

夢を実現させる

信条

2017年に現役引退を決めた直後、審判として描いた最後の夢（ビジョン）があった。それは選手やチームスタッフ、サポーターやファン、試合運営スタッフやメディアの方など、試合に関わるすべての人と一緒に「忘れられない感動と史上最高の喜びを協創する」ことだった。そして「最小の笛で、最高の試合を」を自分の使命として、夢の実現に向けて全力を尽くすことを誓った。

ではどうすればそういう試合を実現できるのか、来る日も来る日も考えた。やっとのことで辿り着いた答えが3つあった。それは、「最高の準備をすること」「競技の精神を大切にした最高のレフェリングをすること」、そして「最高のフィードバックを行うこと」だった。これを別の言い方で表現すると、「準備→実施→フィードバック」というサイクルを回しながら、夢の実現とその完成度を高めていくことだった。中でも「準備」と「フィードバック」の2つは夢を叶える上で絶対に必要なものであると感じたので徹底的にこだわることにした。

僕は2008年以降、試合のたびに最高の準備と最高の振り返りを行っていた。いや、それは実は〝つもり〟だった。だが、現役引退を決めて改めて自分のこれまでを省みた時に、準備とフィードバックがかなり甘くなっていたことに気づいたのだ。昔の僕は目指すビジョンとミッションが明確ではなく、モヤモヤっとしていた。そんな状態だと「最高の準備と最高の振り返り」はできるはずがない。２０１７年に改めて自身が目指すべき試合とそのような試合を実現するには何が必要であるかを考えたところ、「何のために準備をするのか」と「何を実現するために準備するのか」は、似て非なるものだと気づいたのだ。

それからは目指すゴールを明確にするためにビジョンを細部に至るまで鮮明にし、ミッションを具体化させた。それが冒頭で述べた「忘れられない感動と史上最高の喜びを協創する」と「最小の笛で、最高の試合を」である。そしてそれらを実現させるために、それまで行っていた準備やフィードバックの内容を大幅に見直すことにした。

たとえば、それまでは、ストップ&ゴー、ターン、インターバル走といったフィジカルトレーニングばかりの準備をしていた。しかし、それだけではミッションを遂行できないので、フィジカルトレーニングに加え、より深く人を理解するために、心理学や脳科学、行動経済学に関する学術書や論文を読み込み、コミュニケーションスキルを高めるためにセミナーなどに参加した。さらに思考力や判断力を高めるために、大学院で学んだクリティカル・シンキングや定量分析、経営戦略などを学び直した。それだけでなく、独自のパフォーマンス評価基準を作って試合後にフィードバックを行い、１日が終わった後に内省するようにした。

準備とフィードバックをひたすら繰り返し行うことで、ビジョンとミッションがより具体化され、「準備→実施→フィードバック」というサイクルの重要性をより理解できるようになった。サイクルがうまく回るようになると意欲的な気持ちが湧いてきた。正直言うと、「準備→実施→フィードバック」のサイクルを回すことは面白いことではない。準備はしんどいし、フィードバックは時に気分を滅入らせる。しかし、それは夢を実現するために通らなくてはいけない道だ。僕の場合は審判としての最後の夢をかけてのことだった。だからなおさら気合が入った。どんな試合でも、どんなトレーニングでも、何度も何度も「準備→実施→フィードバック」のサイクルを回した。そしてついに――。その行く先には「忘れられない感動と史上最高の喜びを協創する」ことと、「最小の笛で、最高の試合を」が待っていたのだった。僕の現役最後の夢はこうして実現したのだった。

信条
13

己の「強欲」を飼い慣らす

人は誰しも多かれ少なかれ、「欲」を持っている。綺麗になりたい、格好よくなりたい、お金持ちになりたい、というような自分にベクトルが向いた欲だけでなく、幸せにしたい、大切にしたい、より良くしたい、というような自分以外の人や社会にベクトルが向いた欲もある。欲は解消されないとすぐに悪質化、暴力化するところがある。さらに欲には際限がないので、手に負えないほど大きくなって「強欲」と化する。

今でこそ落ち着いたが、僕も若い頃はあれが欲しい、これも欲しい、褒められたい、認められたい、と重度の「欲しい欲しい病」にかかっていた。だから「欲しい」が解消されないとすぐ感情的になって、自分をコントロールできなくなっていた。

そんな自分を責めたこともあったが、ある時ふと人間の欲の根源や種類が知りたくなって調べたところ、「マレーの欲求リスト」なるものに出会った。それまでは、欲をすべて「悪いもの」と考え、無理やり抑え込もうとしていた。だが、人間の欲に関する知識と出会ったことで、自分は今どういう状態なのか、なぜそういう欲が生まれたのか、その欲とどう向き合えばいいのか、と自分と欲を客観的に観察できるようになった。あるいは相手の欲や感情に対しても冷静に向き合えるようになった。

何事もそうだが、人は知らないものには恐怖心を抱き、得体の知れないものをどう扱っていいのかわからず、避けようとする。だが正体や性質がわかれば、うまく付き合うことも、コントロールすることもできるようになる。相手を変えようとせず、自分を変えていく。僕は人の特徴や欲の性質を知ることで自分の強欲とうまく付き合えるようになった。その結果、レフェリングのパフォーマンスも徐々に改善していった。

人は知・情・意で動く

人が夢を叶えるためには、自分の「知・情・意」と向き合い、それらをバランスよく育てることが大切である。「知」は知性、「情」は感情、「意」は意志のことである。「知」がなければ何が正しいのか、誤った判断をしても自分が誤っていることに気づかない。だが「知」だけ高くても「情」が歪んでいれば人を騙して自分だけ利を得ようとしたり、弱き人を利用して自分だけ楽をしたりするようになる。それだけでなく、「情」は「知」だけで制御できないので「意」が必要になってくるが、「意」だけ強くても「知」や「情」が弱ければ人の意見に耳を貸さなくなり、間違った方向へ進んでしまうのである。

たとえば、サッカーの競技規則（知）はあまり詳しくなく、すぐ感情的（情）になるところがあり、勝つことがすべてで自分が満たされることが一番（意）と思っているAさん。一方、サッカーの競技規則（知）を割と知っていて、自分を制御して相手を思いやれる（情）ところがあり、勝ち負けの結果よりもみんなで試合を楽しみたい（意）と思っているBさんがいるとしよう。

ある時、2人は一緒に試合を観に行ったのだが、応援しているチームが負けてしまった。その試合では審判が競技規則上何も問題ない判定や対応をしていたにもかかわらず、自分の思いとは異なる判定や対応がたくさんあった。そのことでAさんは「あの審判だけは絶対に許さない！」と怒り心頭で、審判に罵声を浴びせていた。一方、Bさんは「審判も人だからミスもするよ。それにあれは審判が正しいよ。試合は負けたけど楽しかったからいいじゃない」とAさんを諭しながら、楽しかった試合の余韻に浸っている。よくある光景だ。

僕の話でいうと、さまざまな国で主審を担当したとはいえ、英語（知）はうまく話せなかった。ただ、はじめて接する異文化の人たちとはすぐに仲良く（情）なれたし、とにかく面白い試合にしたい、選手たちにいいプレイをしてほしい（意）という思いで国際試合に臨んでいた。異文化や異国の人との触れ合いは、僕にとって癒やしと成長と学びになっていたこともあり、英語をもっと勉強しよう、異文化や宗教をもっと学んで彼らのことをもっと深く理解しよう、もっとたくさんの人に喜んでもらえるようなレフェリングをしようと、自分の知・情・意を自然と向上させるようになった。

人は「知・情・意」で動く。それは紛れもない事実だし、「知・情・意」はお互い密接に関係しているので、どれか1つだけを良くしても効果は弱い。だから常に3つをバランスよく高めていくことが重要ということだ。

私は「何も知らない」と向き合う

「知・情・意」はバランスが大事とはいえ、僕は「知」が情と意の下支えになっていると考えている。なぜなら、知識がなければ「何が善くて何が悪いのか」というような善悪の判断や「何が大切で、何が大切ではないのか」といった価値の判断ができないからだ。もっと言えば、人は自分が知っていることしか理解できないのである。

たとえば、僕はドイツ語の知識がまったくないので、ドイツ語で話されると何を言っているのか理解することができない。僕は日本語と片言の英語とポルトガル語しか知らないので、当たり前だが、僕の知っている言語を使ってくれなければ会話は成立しない。現役時代、いろいろな国の選手やチーム関係者と会話してきたが、基本的には英語を使ってお互い意思疎通を図っていた。だが英単語や文法をすべて知っているわけではないので、理解できないこともたくさんあった。そういう時は別の言葉を使って表現し直してもらうか、深く理解する必要がないと感じた時はそのままにしていた。

あるいは、僕がDAZNの「Jリーグジャッジリプレイ」という番組で「サッカーには反則とも、反則でないとも取れる事象がある」と発言すると、自分の無知を棚上げして「お前は間違っている」と僕を攻撃してくる人がいる。サッカーの特性や競技規則をしっかりと理解していれば感情的にならずもっと楽しめるのに、と残念な気持ちになることもある。

人間の根源的な欲求の1つに「知りたい、理解したい」というものがあると思っている。なぜなら、人は知ること、理解することで不安や恐怖を打ち消し、安心や喜びを手に入れることができるからだ。僕はこの「知りたい、理解したい」という欲求がとても強い。だから本を読むし、いろいろな質問をするし、さまざまなことに挑戦する。ただ、「頭でっかち」な人間にはなりたくないので、知を貪ることはしていない。自分に必要な知識だけを得るようにしている。

僕は自分が無知な人間であること、すべての知を知ることはできないことを知っているし、自分の意見がすべて正しいわけではないことも知っている。だから馬鹿者扱いされても、未熟者と言われても「そうです」としか思わない。自分の意見や価値観を否定されても「そうですか」としか思わない。なぜそうなのかというと、知を獲得したからであり、今も学び続けているからである。

プロの審判、そして国際主審として国内外を飛び回りながらもグロービス経営大学院に通っていたのは「生きるための知」を得るためであり、「自分を変えるための知」を得るためだった。そして「物事を理解し創造するための知」を得たことで、僕のレフェリングは飛躍的に向上していった。

人は知と向き合うことで、自分の未熟さを知ることができるし、素直にも謙虚にもなれる。そうすれば無闇に誰かを攻撃しようとは思わなくなる。知は自分を幸せにしてくれる「最高の宝物」なのだ。

自分の感情とうまく付き合う

嬉しい、楽しいといった「感情」を言葉や表情などで表現できるのは人間の特徴であり、魅力の1つではないだろうか。僕は感情を素直に表現することは「良いこと」だと思って生きてきた。ところが、審判活動をはじめて3級審判の資格を取り、本格的に上級を目指そうとした時に、審判員が感情を表現することは「良くないこと」と言われ、本当に戸惑った。

1990年代後半や2000年代前半のその当時、本業は教師という審判員が大半だった。そういう背景もあって、教師に求められている考え方や価値観が審判界のベースとなっていた。「教師は人を導く立場の人間として、決して感情的になってはならない。常に心を強くし、冷静さを失わず、毅然とした態度でいなければならない。審判員も同様である」と教えられてきた。その考えを否定する気はなかったが、怒りや不安といった「黒い感情」は抑えたほうがよいが、嬉しい、楽しいといった「白い感情」まで抑えることに違和感を覚えた。とはいえ、当時はそういう考え方が主流だったので、おとなしく従うしかなかった。

僕がトップ審判の仲間入りを果たした頃、多くの方から非難されたことの1つに「感情のコントロール」があった。たとえば「へたくそ!」「ちゃんとやれ!」という言葉には、あまり感情的にならなかった。なぜなら、自分でもへたくそと思っていたからだ。あるいは自分としてはちゃんとやっていたが、相手がそう受け取らないのであれば、それは自分に非があると思っていたからだ。だからそう言われると「すいません。うまくなります」「すいません。ちゃんとやります」と思いながら主審をやっていた。大ブーイングもサッカーの醍醐味の1つと思っているので、特に気にならなかった。むしろもっと盛り上げて、と思っていたくらいだ。

一方で、どうしても自分の感情を抑えられなかったのが「頼むから死んでくれ」といった心無い言葉や、ここには書けないような侮辱的な言葉だった。唾や水をかけられたこともあった。

先輩たちに相談すると「審判とはそういう存在なのだ」「精神的に弱いから気になるのではないか」と返されるだけだった。さらに、誰も「審判員には何を言っても問題ない」という問題に向き合わないので、僕は「審判員は修行僧」と考え方を変えて、誰に何を言われてもその言葉を受け取らないことに決めた。

これが功を奏したのか、心無い言葉や侮辱的な言葉を言われても、感情的になることはなくなった。常に冷静でいられるようになり、選手からひどいことを言われても「ん？　よく聞こえなかったから、もう1回言ってもらっていい？　今すごくひどい言葉を聞いた気がするから」と返せるようになった。そう言われた選手が同じ言葉を発することはなく、落ち着きを取り戻してくれた。

自分の感情とうまく付き合うことができれば、迷いや苦しみから解放される。僕は審判時代の経験を踏まえて、そう思っている。

意志は強さ × 動機 × 方向が大切

僕が、ＡＦＣのＵ-19の大会に参加した時の話だ。この大会はワールドカップ・レフェリーのアジア代表候補者を選考する意味合いもあり、アジア各国のトップレベルの審判員が招集され、皆かなり気合が入っていた。僕は昔から目が血走るような空気感が大の苦手なのと、日本はすでに候補者が決まっていた（1ヶ国1審判員の原則）ので、僕には関係ない話だった。フィットネステストで自分をアピールする者、セミナーで積極的に発言して自分をアピールする者、指導者に積極的に話しかけて自分をアピールする者、皆あの手この手を使って、何とか候補者に選出されようと必死だった。

大会がはじまる前日、ミーティングの場でチーフインストラクターが、

「君たちはなぜここにいるのかわかっているのか？」

「ワールドカップで笛を吹くためです！」

「君たちが目指しているのはどこなのか？」

「ワールドカップです！」

「それは自分だけの願望か、それとも自国の願望なのか？」

「自国の願望です！」

「準備はできているか？」

「いつでも最高のパフォーマンスを出せる準備はできています！」

というかけあいを目の当たりにして、

「僕は完全に場違いなところに来てしまったな」

と気後れするばかりであった。

多くの審判員が悔しい思いを胸に、大会を途中で去っていった。選手と違い、審判の世界はどんなに優秀でも自国が勝ち残ると「公平性」の観点から途中で帰国させられ、割当から外される。実力以外の要素が多分に反映される世界なのだ。日本のU-19代表が準決勝に進出したので僕はお役御免となり、帰国することになった。ホテルを出発する前に、あるAFCのトップインストラクターに「少し話がある」と呼ばれた。

「Masa、あなたは間違いなく世界の中でも〝うまい〟審判員のひとりだ。だが、あなたには足りないものがある。それはwill（意志）だ。あなたは、他の審判員よりも明らかにwillが弱い。何がそうさせているのか私にはわからないが、審判員にとって大事なのはwillだ。well（うまさ）じゃない。私も『ワールドカップがすべて』とは思っていない。Masaがああいうパフォーマンスが嫌なのはすぐにわかったよ。私は『何が何でもワールドカップに出たい』という彼らの熱き思い、夢を必死に追いかけている彼らの姿を誇りに思う。Masa、忘れないで。あなたは何のために審判をするのか。あなた以外の誰を幸せにするためにやっているのか。その思いはどれくらい熱くて強いのか。そこははっきりさせたほうがいい。あなたの素晴らしい才能をもっと活かすんだ。いいね」

と笑顔で語りかけ、ハグしてくれた。

このことがきっかけで僕は、自分の足りないところに気づくことができたし、何を実現させるのかという意志、なぜそれを実現させるのかという動機、そしてどうやって実現させるのかという方向性を考えるようになった。

成功は一時、成長は一生

何かを得るためには、時に何かを犠牲にしたり、厳しい修行に耐えたりしなければならないこともある。中学時代にまで話が遡るが、その当時に所属していたサッカー部の練習は「厳しい」を具現化したような内容だった。創部したばかりの弱小サッカー部だったが、先輩たちは皆本気で「広島県で一番」を目指してトレーニングに励んでいた。だが、そう簡単に結果が出るはずもなく、福山市の大会ですら優勝できずにいた。悔しい思いを胸に、先輩たちは卒業していった。思いを託された僕たちは、来る日も来る日も休みなく厳しい練習に耐えながら「広島県で一番」を目指した。

とはいえ、時に目先の誘惑に負けて、一時の成功を得ようとするのが人間というものだ。最初のうちは問題ないのだが、体力的にきつくなってくると、徐々に折り返しラインまで行かない者、笛の前にスタートする者、マーカーの内側を通って少しでも楽をして成功を手に入れようとする者が出はじめた。僕はキャプテンだったので、自分だけはやるまいと決めていた。監督にバレなければいいが、バレてしまうとそれまでクリアしたものをゼロに戻された。サッカー部の監督をしていた荒石和夫先生はいつも僕たちに向かって、

「勝ちたかったら誰よりも努力する。うまくなりたかったら誰よりも工夫する。楽しみたかったら弱い自分に打ち克つ。仲間が困っていたらみんなで助ける。苦しかったらみんなで励まし合う。ただそれだけだ。『ちょっとだけならいいだろ』『バレなきゃいいだろ』という〝悪魔の囁き〟にどれだけ勝てるかが人生の分かれ道だ。苦しいことから逃げて安易に成功を手に入れる者は、一番大事な時でも自分に負けて妥協するようになる。決められたことすらやらないのか、決められた以上のことをやるのか。どうするかは自分たちで決めろ」

と言って、判断を委ねられた。

僕たちは話し合い、それ以降ズルすることを止め、皆で励まし合いながら自分の弱さを克服し、決められた以上のことをやることにした。そうした小さな積み重ねが徐々に実を結び、僕たちは広島県で一番になっただけでなく、中国地域の3位として全国大会に出場するまでに自分たちを成長させることができた。

一方で、プロの審判になった頃の僕は、目の前の小さな「利己的な成功」ばかりに気を取られていた。世間の「評判」は悪くても、審判委員会の「評価」が良ければそれでいいと思って

いたし、競技の精神に則って選手を諭し導くよりも、競技規則の表面的な部分に則って競技規則を守らず文句を言う選手を罰することが使命だと思っていた。今となっては恥ずかしい限りだが、あの頃は〝歪んだ成功〟に取り憑かれていた。そういう時、僕の師匠である夏嶋隆先生が、

「成功は一時、成長は一生。長く楽しめるのはどっちかわかるか？　遊びや本質を忘れて自分だけの正義にとらわれていると、そのうち心をなくすぞ」

と、暴走していた僕を諭し、僕は目を覚ますことができたのだった。

人は何かをはじめる前は、夢や希望を思い描き、熱く語り、その目的や実現方法を一生懸命に考える。だが実際に動き出すと、現実の厳しさに押しつぶされそうになる。その結果、当初描いた夢や希望や目的などを置き去りにして目の前の快楽に手を出し、手段を目的化させ、自分の中に巣くう「強欲」に支配されてあらぬ方向に進むようになる。そうならないためには、「成功」よりも「成長」を重んじること、無闇に他人と自分を比較し、競争しないことだ。「成功は一時、成長は一生」。本当にそう思う。

信条14 喜びを「協創」する

サッカーには、する人、観る人、支える人、それぞれの喜びがある。その3つの喜びの重なりが大きくなればなるほど、はじめての喜び、想像を超えた喜び、忘れられない喜びが創造されるようになる。そういう「最高の喜び」はどうやって生み出されるのか。それは、する人、観る人、支える人が手を取り合って、喜びを「協創」することで生み出されるのだ。

「勝負事に『協創』などあり得ない」という人もいるかもしれない。僕はサッカーにとって勝ち負けは結果の一部であって、すべてではないと思っている。もっというなら勝ち負けは1つの通過点であり、感動や喜びがゴールということだ。どれだけ楽しかったか、面白かったか、清々しかったかという、どれだけ心を強く大きく動かされたかが大事であり、それにはする人、観る人、支える人が協創を実現するカギを握っているということである。

僕は試合中、審判という立場でサッカーを思いっきり楽しんでいた。しかし、選手のようにドリブルやシュートをする楽しさ、サポーターやファンの方のように推しの選手やチームを応援する楽しさは味わえない。とはいえ、選手の良さを引き出す楽しさ、試合を最高の試合へ導く面白さ、サッカーの魅力を高めるやりがいなど、審判だからこそ味わえる充実感や達成感は最高に魅力的だった。それだけでなく、次々と現れる難問に挑戦することや苦難を乗り越えることも審判をやる喜びの1つであった。

もちろん試合に影響を与えるもの、たとえばPKや退場、ゴールに入ったかどうかは、たとえ審判員の判定が正しかったとしても、決して皆にとって嬉しいことではない。その判定で試合が決まることもあるので、できればそういうシーンには出会いたくない。だが、そういった責任の重さも、僕は審判をやることでしか味わえない面白さの1つだと思っている。会社を経営されている方、経営してみたいという方にはぜひ1度、主審を経験してみることをお勧めしたい。グロービス経営大学院で学んでいて一番感じたのは、「主審と経営者は似た者同士」ということである。仲間の力を借りながら、皆で誰かの喜びを創造する、幸せに貢献する。そのゴールを達成するまでの過程は非常に近いものがある、というのが僕が感じていることである。

相手を大切にする

誰かと何かを「協創」するためには、相手を大切にするということが前提だ。そして相手を大切にするということは、自分を活かしながら相手の良さを引き出し活かす、あるいは相手の気持ちを晴れやかにすることである、と僕は考える。

正直にいうと、僕はこれがなかなかできない。特定の人、たとえば大切な人や大好きな人には自然とできるのだが、そうでない人、中でも苦手意識を持っている人はついぞんざいに扱ってしまう。多くの人は自分のことが一番かわいい。それだけでなく、自分のことをわかってほしいし、認めてほしいと思っている。そして心の中では、いつも大切にされることを求めている。

一方で、人は自分に甘く、他人に厳しいところがある。自分がされて嫌なことでも嫌いな人や関係ない人には平気で攻撃的になるところがある。SNSの世界はそれが顕著だ。身元を明かさず「己の正義」を振りかざして、誰彼構わず攻撃している。

人から大切にしてもらうには、まずは自分が相手を大切にすることだ。相手を自分のように思いやり、相手の話を自分の話としてよく聴き、相手を自分のように感じることだ。これは僕が京都パープルサンガで働いている時、そして2008年以降のレフェリングで一番こだわったところだ。

人と付き合う中で、僕は配慮、傾聴、共感の3つを特に大切にしている。これらを自分のものにするために本を読み、専門家に話を聞いた。そして学んだことを実際の試合で試した。そういう小さな挑戦を繰り返したことで、選手たちから、

「最近、家本さんは変わりましたよね。正直にいうと前は嫌いだったのですが、今は細かいところを気にしてくれますし、ちょっとしたことで声を掛けてくれるようになって。こういう関係はプレイに集中できるのでありがたいです」

というような声をもらうようになった。

もちろん試合はある意味「戦場」なので、僕がいくら選手のことを大切に思って丁寧に接しても受け入れてもらえないことは多々あった。だが、僕は別に「選手と友達になる」ためにコミュニケーションを取っていたわけではない。あくまで「レフェリーとして」試合をより良くする、たくさんの人が心から楽しめる試合を実現するためにコミュニケーションを取っていたにすぎない。

あるいは若手審判から、

「すごく怖い先輩だと思っていたのですが、一緒に試合をしてみると意外と面白いし優しいんですね。すごくやりやすかったし、楽しかったです。またご一緒させてください」

と、半分いじられているのかと思うような感想をもらうようになった。いずれにせよ、相手を受け止め、共感し、人の喜びに貢献している限り、すべての人が離れていくことも、すべての人から嫌われることもないということだ。

個性を活かす、個性を引き出す

どういう人にも強み（得意）と弱み（不得意）がある。日本の社会は「スペシャリスト」よりも「ジェネラリスト」を重視する傾向が強い。多くの人や企業が強みを強化するよりも弱みを改善して、全体の平均値を高めることにこだわり、ジョブローテーションによって個人の総合スキルを高めているからだ。この仕組みは、本当に多くの人を幸せにしているのか。個性を活かさない組織の行末は、本当に明るい未来が待っているのか。不安で仕方がない。

選手もポジションが違えば役割が変わるように、審判もおのおののポジションでそれぞれ求められる役割が違う。よってトップカテゴリーでは、その専門性の高さから分業制（主審は主審のみ、副審は副審のみ）を採用している。主審も副審もスペシャリストではあるものの、どちらかというと主審にはジェネラリストとしての能力が求められ、副審にはスペシャリストとしての能力が求められる。

僕の大好きな先輩に宮島一代さんと手塚洋さんがいる。2人は主審としての能力も非常に高かったが、それ以上に日本の中では群を抜いて副審としての能力が高かった。日本の審判が国際舞台で世界の屈強な大型選手と対等に渡り合うには、審判の「高身長化」が1つの課題だった。そこで能力の高さに加え高身長の彼らが選ばれ、主審から副審に抜擢された。そして長い間、日本を代表する国際副審として国際舞台で大活躍された。

似た話でいうと、ワールドカップ・レフェリーの相樂亭さんと山内宏志さんも、副審としての能力の高さを買われて主審担当から副審担当に抜擢され、その後国際副審に推薦された。組織にとっても個人にとっても、個性を活かす、引き出す、発揮できる場を提供することはとても重要なことだ。

主審もそうだが、副審も人によって特徴が全く違う。僕はお互いのことをよく知っている副審と組む時はお互いの良さを消し合わないよう、お互いの良さを引き出すことを常に心がけていた。お互いのことがあまりわかっていない副審と組む時は、いくつか質問をした。たとえば、副審として何が得意で何が苦手なのか。自分の性格の特徴や好き嫌いなどだ。あるいは、雑談や準備の合間に見せるちょっとした仕草や癖を注意深く観察して、個々の特徴を摑むようにしていた。僕が現役時代に大切にしていたのは、山本五十六の言葉だ。

「やってみせ、言って聞かせて、させてみせ、ほめてやらねば、人は動かじ。話し合い、耳を傾け、承認し、任せてやらねば、人は育たず。やっている、姿を感謝で見守って、信頼せねば、人は実らず」

僕はこの言葉は、リーダーが目を背けてはならないものだと思っている。

人がひとりでできること、できる範囲というのは〝雀の涙〟ほどでしかない。仲間の力を活かし、引き出すことでお客様を「極上の世界」へ導くことができるかどうかはリーダーの度量と力量次第だ。ジェネラリストの能力は、誰もが持っているものではない。勇気を持ってスペシャリストを目指し、足りないところは素直に別のスペシャリストの力を借りる。自分の良さを活かし、相手の良さを引き出し活かす。そういうチームは最強だ。

組み合わせを変える

僕はスティーブ・ジョブズの「革新的なつながりを見つけるためには、他の誰とも違う経験の組み合わせをもつべきだ」という考え方が大好きだ。人は何かを創造する時、つい「ゼロ、イチ」に視点を持っていきがちだ。だが、実は世の中の革新的なものの多くは、今存在しているさまざまなものの組み合わせを変えて作られているものばかりだ。画期的と称されたiPhoneしかり、イーロン・マスクが手掛けたテスラしかりだ。

別の話でいうとヘーゲルの「テーゼ（命題）がアンチテーゼ（反命題）と対立してより高度なジンテーゼ（総合命題）を生み出す」という弁証法の考え方も大好きだ。物事を二律背反的に考えるのではなく、２つの抽象度を高めて互いの良いところを組み合わせれば争いごともなくなり、より素晴らしいものが生み出されるからだ。

物事の本質というのは、非常にシンプルなものと言われている。言わば「足し算」ではなく「引き算」ということだ。「引くは難し、足すは易し」という言葉もあるくらい人は、足すことに意識を向けがちだ。ジョブズもマスクもどちらかというと〝余計なもの〟を大胆に捨て、シンプルにデザインすることと奇想天外な発想で物事の組み合わせを変えることで成功を収めた人の代表だ。

僕の話で言えば、走るだけのトレーニングを止め、クラシックバレエや合気道、ロードバイクといったサッカー界にはない別のものをトレーニングに取り入れたのがこれにあたる。あるいは足の疲労軽減と地面からの反発力を高めるために、自分の足型を取った特注のインソールの下に工事現場で使っている薄い鉄板をトレッキングシューズに入れて試合をしていた。要するに、今ある組み合わせでは将来の結果も自ずと同じになるが、組み合わせを変えることで未来の結果を大きく変えることができるということだ。だから世の科学者や研究者と言われる人たちは、昼夜「実験」に明け暮れているわけだ。

組み合わせを変えると、さまざまな変化は起こるものの、必ずしも良い結果が出るわけではない。感覚的な話だが、100回実験して1、2回うまくいけば良いほうではないか。場合によっては1000回に1回かもしれないし、1万回に1回かもしれない。9999回も無駄をしてしまったと思うのか、それがあったからこそ最高の1つを発見できたと思うのかは人それぞれである。だが、その新たな組み合わせが、大きな喜びと成果を生み出すきっかけとなるのだ。だからこそ僕たちは自分の強みを高め、磨き、その最強の武器と別の最強の武器を組み合わせることが大事になってくるということだ。

僕は子供の頃、伝説のロックバンド「ＢＯØＷＹ」が大好きでずっと聴いていた。メンバーが入れ替わりながら、最終的には氷室京介、布袋寅泰、松井恒松、高橋まことの4人によって伝説は生み出された。昔も今も、僕の中では№.1のロックバンドだ。

1日を笑顔で終える

僕は最高の1日を送るために、朝の時間をとても大切にしている。できるだけ心を乱さないよう、笑顔でゆったりと過ごすことを心がけている。良い朝が過ごせれば、良い1日を過ごせるという感覚が僕の中にあるからだ。だが、どうやっても笑顔になれず、気力も満たされない朝というのが年に数回ある。それは朝に問題があるのではなく、前日の夜に問題を抱えたまま寝ているからだ。

そのことを僕に教えてくれたのは、本屋で出会ったある1冊の本だった。その本には「1日の終わりを笑顔で終えられたら、翌朝は必ず笑顔で目覚めることができる。そのためには、寝る前にその日にあった楽しかったこと、嬉しかったこと、頑張ったことなどを3つ思い出す。3つ思い出したら、その時の情景を思い出してから寝る」というようなことが書いてあった。

そんなことで本当に翌朝の目覚めが変わるのかと半信半疑だったが、ものは試しとその日の夜からやってみることにした。ところが、その日の夜は友人との会食があったので、寝る時にはすっかり忘れていた。翌朝、前日のお酒がまだ少し残って体がだるい中、息子と学校へ向かった。帰りの途中で前日のことをふと思い出したので、忘れないよう予定表に書き込んだ。

夜になり、寝る時間になったので寝室へ行き、ベッドに横になってその日あったことに意識を向けた。ところが、特に変わったこともなかった1日なので、心が笑顔になったことがなかなか頭に浮かばなかった。モヤモヤした。途中で「考えても仕方ない」という思いが自分の中に生まれて横槍を入れはじめた。その時急に、僕の「おはよう」に妻が笑顔で「おはよう」を返してくれたことを思い出した。毎日のことなので当たり前過ぎて忘れていたが、よく考えてみると僕は嬉しい気持ちになったことを思い出した。それがきっかけで、次々と心が笑顔になったことを思い出した。息子と楽しく話をしながら学校へ行ったこと。娘が美味しそうに晩ごはんを食べていたこと。湯船に入って気持ちいいなあと感じていたこと。堰を切ったようにたくさん出てきた。目を閉じてそんなことで頭の中をいっぱいにしていると、心が自然と温かい感じになってすごく落ち着いた。

ぱっと目を開けると朝になっていた。どうやら思い出しながら寝てしまったようだ。前日のだるい朝とは違って、すごく爽やかな気分だった。天気も良かったが、そのせいではないことはすぐにわかった。1日のはじまりは、前日の寝る時からはじまっている。だから、1日を笑顔で終える。シンプルだが非常に効果的だ。

「渦」の中心になる

京都パープルサンガ時代、「京都パープルサンガを日本で一番魅力的なクラブにする」と息巻いたものの、僕の自力は蚊と同じくらい弱々しいもので、最初は極小の「渦」さえ起こせなかった。だから審判活動のことなどそっちのけで、朝早くから夜遅くまでとにかく働いたし、ビジネスのことを必死に勉強した。

少人数にもかかわらず組織間の連携がなかったこと、経営戦略とマーケティングが弱かったこともあり、「経営推進室を立ち上げて組織力を強化しませんか」という提案を役員にした。僕はその時、試合運営とチーム管理の責任者を兼務していたので、責任者をやるつもりはなかった。だが、社長に「君がやってサンガを変えなさい」と3度言われたので、引き受けることにした。これが結果的に良かった。ビジネスサイドとチームサイドと試合運営が連携したことで、意思決定のスピードと意思疎通と業務効率が格段に高まった。

小さな結果が積み重なれば、信頼を得られる。関係性が向上すれば、信頼を深められる。「あいつは誰よりも努力している」が広まれば、協力者を増やすことができる。社内には僕のやり方を批判する人もいたが、僕は屈しなかった。絶対に自分が「渦」の中心になってこのクラブを良くして、たくさんの人を幸せにしたかったからだ。クラブを離れて19年経つが、今でも京都パープルサンガの成長と成功を心から願っている。

審判員が「渦」の中心になると思っている人は、そういないだろう。だが、僕は現役時代に「審判員が『渦』の中心にならないと、サッカーは魅力的にならない」と本気で思っていた。とはいえ、このことを強く思うようになったのは、2017年に引退を決断してからだった。

「サッカーの魅力を高めて、日本サッカー界に恩返しをする」。その思いを胸に、僕は自分の審判としてのあり方とレフェリングの仕方、魅力的な試合を実現させる世界観を何度も何度も見直した。より鮮明に、より具体的に言語化していった。やらないことを明確にして、やることを厳選した。そして引退までの3年間で「最小の笛で、最高の試合を」を自分の使命として、「忘れられない感動と史上最高の喜びを協創する」というビジョンを必ず実現させると誓った。

人は、想いが変われば行動も変わる。自分の喜びが誰かの喜びに貢献できるものなら、そしてその想いが強ければ強いほど熱く大きく燃え上がり意欲的になる。さらにイメージが鮮明になればなるほど行動に迷いはなくなる。2020年の初頭は新型コロナウイルスが世界を襲い、すべての人の生活環境が一変するという難しい状況だったが、自分がやれることだけに集中した。試合ではとにかく選手とサポーターと競技の精神に向き合った。そうした小さな行動の積み重ねによって、選手からの信頼を集められるようになったのかもしれない。

審判自身が明確なビジョンを持つこと、そして選手と審判員が良好な関係を築くことができれば、みんなで試合を魅力的なものにしていこうという「渦」が巻き起こり、サッカーは自ずと輝きはじめる。その輝きによってたくさんのサポーターやファンを自然に巻き込むことができ、唯一無二の独創的な世界が創り出されていく。「美しく魅力的なサッカー」は選手だけでも、サポーターやファンだけでも創造することができない。チーム関係者、運営スタッフ、芝を管理する人、メディア関係者など、試合に関わるすべての人が一体となって巻き起こす「渦」が必要であり、それが「協創」につながる。2021年12月4日。僕は日産スタジアムでその「渦」、それも感動の「渦」を目の当たりにすることができた。あれほど大きな「渦」はかつて見たことがなかった。

信条 15

すべては「今の自分」からはじまる

夢を実現させる上で僕が一番大切にしている想い、それは、「すべては『今の自分』からはじまる」というものだ。そこで僕は「問う、学ぶ、挑む、鍛える、今を楽しむ」ということにトライし続けている。

現代はスピードと効率性を重視するあまり、量を悪とし、質だけを求めるようになった。無駄や余計は一切許されない。だが、最初から質がわかれば誰も苦労しないし、そんなことはあり得ない。なぜなら、質は量の先に見えてくるものであり、効率も量をこなしてこそ精度が高まるからだ。それに、今やっていることが本当に無駄かどうかは、その時は知ることができない。数日後、あるいは5年、10年経ってはじめてわかるものである。

とはいえ、自分自身を振り返ってみると、僕はこれまでたくさんの無駄をしてきたかもしれない。大学時代、バイトしてお金を貯めて専門学校に行ったが、その世界では生きていない。京都パープルサンガをより良くしようと、朝から時には夜中まで三つの部署の責任者として働いたが、クラブを離れてしまった。41歳にして大学院でビジネスを体系的に学んだが、それがいま十分に活かされていない。審判を辞めて新しいことに挑戦しているが、うまくいっているものは何1つとしてない。

だが、これらは本当に無駄なことなのだろうか。僕はそう思っていない。人生において無駄なことなど一切ないと信じているからだ。たとえば、2021年の最終戦であれだけ素晴らしいセレモニーをしていただけたのは、自分の間違いに気づき、どうやって自分を変えるのか、どうすればより良いレフェリングができるのかを問い続け、いろいろなことを学びながら歯を食いしばって挑戦し、心身を鍛え、その時その時を全力で楽しんできたからだ。うまくいかないこともたくさんあったが、自分を変えるために量をこなしていなければ、決してあの美しい光景を目にすることはなかっただろう。

未来を変えたければ、今の自分の考え方と行動を変える。小さくてもいいから、新しいことをはじめる。苦しくても諦めずに続ける。すべては「今の自分」からはじまるということだ。

問い続ける

僕は、数々の経験を通じて気づいたことがある。それは、すべては「問い」からはじまる、ということだ。そして「問い」によって答えは変わり、良い「問い」が良い答えを引き出すということだ。「考える」という行為は、そこに「問い」があってこそできるものだ。問いがなければ、人は考えることも良い答えを導き出すこともできない。

たとえば、僕はこの本を勝手気ままに書いているわけではない。「なぜこれを伝えるのか」「どう全体を構成するか」「何をどれくらい伝えるか」と、無数の問いを自分に投げかけて書いている。そして「本当に言いたいことはこれなのか」「読者が知りたいことはこれなのか」「読みやすくわかりやすい表現はこれなのか」とさらに問いかけて、何度も何度も書き直しをしながら本という形に仕上げようとしている。もし読者の皆さんの中に、満足していただけない方がいれば、それは、僕の「問いの質」が良くなかったということだ。

仕事や勉強、人間関係や自分の将来に行き詰まり、迷うことは誰にでもある。そういう時は問うことで視野を広げ、問うことで視点を変え、問うことで考えを深める。そして問うことで隠れた問題をあぶり出し、問うことで最適解を見つけ出す。僕は人が生きていく上で「直感」と同じくらい、この「問い」が大事だと思っている。

そして問いには「良い問い」と「悪い問い」がある。「良い問い」とは、知りたいことの本質を突くような問いや想像もしないような素晴らしい答えを引き出す問い、新たな気づきを得るような問いのことである。逆に、本質から離れていくような問いや答える側が「?」となるような問いは「悪い問い」ということだ。

どうやって問えばいいのかわからない方もいると思うが、代表的な問いとしては「5W1H」だろう。え、と思うかもしれないが、非常に有効なツールなので僕のベストパートナーとなっている。

審判員にとって「見る」ことはとても大切なことだが、僕はその前段階として「問い」と「仮説」と「優先順位付け」があってこそだと思っている。

たとえば2021年のJ1開幕戦、サンフレッチェ広島対ベガルタ仙台戦で僕は、仙台のシマオ・マテ選手を得点機会を阻止したとして退場させた。あの時は次のようなことを自分に問いかけ、仮説を立て、優先順位をつけながら対応していた。

「この状況で起こり得る〝最悪〟は何かというと、退場だな。タックルで相手を激しく傷つける著しく不正なプレイか、得点機会の阻止のどちらか。その次が反スポーツ的行為で警告か。2人の位置関係と体勢を考えると、接触する可能性が高いのは手ではなく足だな。スパイクの裏での接触の可能性は低そうだし、著しく不正なプレイはほぼないな。状況的には決定的な得点機会か。この状況で退場になったら誰をどうやって……あっと、最悪が起きたか。一番興奮している選手は……」

というように、問いながら、仮説を立てながら、優先順位をつけながら主審をしていたし、こういうことを90分間続けていた、というわけだ。

学び続ける

僕は自分の人生が好転しない、あるいは不安や恐怖が消えないのは、ろくに学びもせず、行動を改善もせず、ただ愚痴ばかりこぼしているからだと思っている。あるいは大した苦労もせずに人を羨み、妬み、自分を蔑《さげす》んでばかりいるからだと思っている。誤解しないでいただきたいのは、頭が良い＝幸せとか、高学歴＝いい人生ということが言いたいわけではない。むしろ単なる「頭でっかち」な人ほど厄介なものはないと思っている。

僕は、いわゆる学校での「勉強」を好きではなかった。基礎学習が中心だったので楽しいと思わなかったし、正直苦痛だった。だが、大人になってから古典を学んだおかげで僕の迷いや不安は解消されたし、導いてもくれた。大学院でビジネスを体系的に学んだおかげで、世の中の仕組みがわかるようになったし、たくさんの異なる世界で頑張っている人たちとつながることができた。いろいろなことを経験したおかげで、自分の世界観や可能性を広げることができた。知らないことを知ること、間違いに気づき修正すること、考え方や価値観をブラッシュアップさせることは本当に楽しかった。自分の能力を高めることや自分の軸を作ることは、ゲームをしているようで最高に面白かった。何をもって「善い」というのか、「正しい」というのかを知ることは、自分の人生を堂々と生きる上でとても大切なことだと実感している。「学び」は「自由と創造と拡張」を人に与える。もちろん知らない、わからない、できないことを解決するための手段なのだが、何のために知る、わかる、できるようになるのかというと、「自由、創造、拡張」を得るためだと思う。実際、学び続けていることで、自由度や創造性、拡張性が高まったことを実感している。だからこそ、僕のレフェリングは独自性が高かったといえるだろう。もちろん賛否はあっただろうが、それは価値観の違いからくるものなので、すべての否を素直に受け止める。

もし、僕が自分を省みず、何も学ばずという状態だったら、審判としての人生はいったいどうなっていたのだろうか。国際試合では評価されていたので、それに甘えてふんぞり返って堕落したか、誹謗中傷に嫌気が差してもっと早くに辞めていただろう。少なくとも、引退発表などしようと思わなかったし、したとしても多くの人に受け入れてもらえなかったことは容易に想像がつく。

無知の領域をできるだけ小さくし、今の自分が持っている知が本当に正や善なのかを明らかにし、不安や迷いをできるだけなくす。そのためには学び続けるしかない。「学び」は、僕にとって最高に贅沢なものなのである。

挑み続ける

僕は夢やビジョンを実現させるために最も大切なことは、「挑み続ける」ことだと思っている。たとえ苦しくても、どんなに嫌なことがあっても、諦めずにぐっと堪えて、手を変え、品を変えながら挑み続けることだ。もちろん、挑むということは、簡単なことではない。僕自身これまで何度も打ち砕かれ、痛みや苦しみ、迷いや絶望を味わってきた。だが、世の中の歴史を振り返ってみても、苦難や困難なしに夢やビジョンを実現した人は誰ひとりとしていない。

そして良くも悪くも、何かを変えない限り、状況が好転することはない。たとえ何事もなくうまく事が進んでいたとしても、変化を避けていてはそのうち悪い方向へと進むおそれもある。なぜなら、現状維持は過信や慢心を生み出し、それが横着や手抜きとなって衰退を招くからだ。とはいえ、人間は変化よりも安定を求める生き物なので、口でいうほど「挑み続ける」ことは簡単ではない。

「挑み続ける」方法は2つある。1つは、新しいことをはじめること、もう1つは、今やっていることを継続して極めることだ。日本人の多くは「1つのことを極める」ことに大きな価値を感じている。ただ、それでは本当は何が自分に合っているのかを知ることができない。だからもっと気楽にさまざまなことに小さく挑戦してみて、その中から自分にあったものを選ぶ、という方法がもう少し評価されてもいいと思う。

あるいは「1つだけ」を極めるのではなく、自分の得意なものをいくつか掛け合わせる極め方もある。たとえば僕は審判という専門性、豊富な知識と経験という稀少性、家本政明という独自性、コミュニケーションが得意という発信性、言語化が得意という具体性を掛け合わせて、noteで審判や判定に関することを記事にして発信することに挑戦している。

挑もうとしない人もいるが、その言い訳として、忙しくて時間がない、疲れていて気力も体力も残っていない、というものがあるだろう。僕がとやかく言うことではないが、もし、もっと面白い人生を過ごしたい、もっと楽しい人生を送りたいというのであれば、何かを「止めて」その時間を新しい挑戦に使うことだ。自分の人生を楽しんでいる人とそうでない人の決定的な違いは、やらないことを明確にして、新しいことや苦難や困難に挑み続けているかどうかだ。

大事なことは、できない理由を考えることでも、言い訳をすることでもなく、どれだけ新しいことや今やっていることに挑戦し続けるか、だ。できる、できない、好き嫌い、うまい下手、いろいろあるが、とにかくやると決めて挑むことだ。考えるのを止めてとにかく動き出すこと。挑み続けない限り、変化は起きない。変化がなければ未来は変わらない。ただそれだけのことだ。

鍛え続ける

日本には「修養」という言葉がある。もともと道家の養生を言っていたようだが、通常は学問を修め、徳性を養い、より高い人格形成に努めること、あるいは精神を鍛錬し、品性を養い、人格を高めることを言うそうだ。僕は自分を修養するために、新渡戸稲造の『修養』を読み込み、書かれていることを実践した。詳細は『修養』を読んでいただきたいが、自分が怠け、横柄になってきたなと感じた時はいつも読み直して、自分を厳しく戒めるようにしている。そうしないと、僕はすぐ調子に乗ってしまうからだ。日々内省、日々鍛錬である。

僕が改めて「鍛え続ける」ことが大切だと実感したのは、現役を退いて半年ほど経ってからだ。現役時代はプロの審判として常に高い成果を求められ、いつも誰かに批判されていた。だが、自分で掲げた「忘れられない感動と史上最高の喜びを協創する」を実現させるために自分を律し、鍛え続けていた。

引退後は厳しいプレッシャーから解放され、ようやくゆっくり過ごすことができるようになった。それはそれでよかったのだが、節制しなくなったことで体にしまりがなくなり、体力も落ちた。それだけでなく、感性も鈍りはじめた。僕は生きていく上で体力と感性はとても大切なものだと考えているので、自分を鍛え直すことに決めた。食事や睡眠といった生活リズムを正し、呼吸と姿勢を整え、トレーニングを再開した。それだけでなく古典を改めて読み直し、何事も考える前にまずは感じようとしている。体型や体力はまだ完全に戻っていないが、毎日楽しみながら自分を鍛えている。

自分を鍛えることは、メリットばかりである。知性・理性・感性が高まる、心が整う、心がしなやかになる、相手に優しく親切になれるからだ。それだけでなく、脳内の快楽物質であるセロトニン（精神を安定させる）、ドーパミン（やる気を引き出す）、エンドルフィン（高揚や鎮痛作用がある）、オキシトシン（愛情をつかさどる）などが分泌されるので、心と体と頭の健康に大いに役立つ。

不平不満の多い人や情緒不安定な人、自分に自信が持てない人などは、自分の肉体を徹底的に鍛え上げることに挑戦してみてほしい。ジョギングをはじめたことで体力と忍耐力がついた、筋トレをはじめたことで身体が大きくなって自分に自信がついた、毎日1時間散歩をするようになって健康的になったという声はよく聞くし、効果があることは実証済みだ。

お金がないから、時間がないからは言い訳でしかない。お金を払ってジムに行かなくても自宅で筋トレはできるし、わざわざジムや外に行かなくても部屋の中でその場ダッシュやバーピージャンプは誰でも今すぐ短時間でできる。難しく考えなくていい。ただ、やると決めて動き出すだけだ。

家の中でダラダラとネット検索をしたり、何もせずただ引きこもったりするだけなら、今すぐ街中でも、自然の中でも、意味を感じなくても、疲れ果てるまでとにかく歩き続けてみてほしい。そのほうがよっぽど健全だし、自分のためになる。健康上の理由で動くことができない人もいると思うがそうでない限り、自分のために自分の弱い心に鞭打って身体を鍛えてほしい。身体が強くなれば心も強くなる。人間とはそういう生き物だ。

今を楽しみ続ける

人は苦しいことや辛いことだけだと、行動を続けることができない。喜びや楽しみ、面白さがあるからこそ、苦難や困難を乗り越えられる。僕はどうすれば苦難や困難を乗り越えられるか、あらゆることを試した。その結果、3つの方法にたどり着いた。それは、「苦難や困難に取り掛かる前に小さな楽しみや喜びを味わう方法」「苦難や困難を楽しみながら行う方法」、そして「苦難や困難を終えた後に最大級の楽しみや喜びを用意しておく方法」である。そしてその時に「正（ポジティブ）の言葉を口ずさむ」ことだ。

試合当日、駅やホテルから直接スタジアムへ向かわずに、地元のおしゃれなカフェや昔ながらのレトロな喫茶店でコーヒーを頼んで一息つく時間を必ず確保していた。音楽を聴きながら良い試合のイメージを頭の中で膨らませて「よし、大丈夫。今日はすごくいい試合になるぞ。だからいっぱい楽しもう」と口にし、良い試合のイメージを頭に思い描いた状態でスタジアムへ向かうようにしていた。こうしたワンクッションがあったことで、僕は落ち着きを取り戻し、良い状態で試合に臨むことができた。時には後輩の悩みを聞いてからスタジアムに向かうこともあった。後輩はスッキリした様子だったので、試合は思う存分楽しめただろう。

一番難しかったのが「自分も楽しみながら試合をする」ことだった。なんとか実現させようと、いろいろなことを試したが、そのほとんどが失敗した。その中で「これだ！」と思っているものがある。それは何があっても「今を全力で楽しもうとすること」である。試合は〝生き物〟なのでうまくいかないこともあるし、予期せぬハプニングに見舞われることもある。だが、たとえどんなことがあっても、自分が今を全力で楽しもうとする限り、楽しみや喜びは必ず見つけられる。なぜなら、審判員は最高の「特等席」で試合を観戦しているからだ。しかし、今を全力で楽しもうとしないとすべてが〝灰色〟にしか見えず、すべてが〝闇の声〟に聞こえる。今を全力で楽しもうとする限り、楽しみや喜び、面白いことや嬉しいことが僕たちを見捨てることは決してない。これは断言する。

そのためには、何があっても「正の言葉」を口にすることだ。決して「負の言葉」を口にしてはいけない。「失敗してしまった。最悪だ」ではなく「失敗は成長の源だ」、「ブーイングされている。怖いよ」ではなく「ブーイングは愛のメッセージだ」、「選手が怒っている。嫌だな」ではなく「選手が怒っているのは今日も元気な証拠だ」というように。それから、どういう状態であっても「今日の俺はすごく調子がいいな」「今日は本当に気持ちがいいな」「今日の俺は絶好調だな」そんなことを言いながらやるといい。

苦しくても、辛くても、たとえ面白くないと感じても、「正の言葉」を口にすること。そして心の底から今を全力で楽しむと、不安や心配事は自分から離れていく。そうすることで、夢やビジョンは現実のものとなっていく。

おわりに

先日、デフサッカー（聴覚障がい者のサッカー）男子日本代表監督の植松隼人さんに声を掛けていただいて、元日本代表の槙野智章監督率いる品川CCセカンドチームとのトレーニングマッチの主審を担当してきた。デフサッカーは聴覚に障がいを抱える選手のために主審も旗を持ち、笛を吹くと同時に旗を振って反則があったことを知らせる。

実は京都パープルサンガに勤務していた頃にデフサッカーの審判員を務めた経験があったので、混乱なくスムーズにレフェリングを行うことができた。試合内容は非常にインテンシティ（プレイの強さや激しさ）が高く、まるで外国人の試合の主審を担当しているかのように、エキサイティングでとても面白かった。そして何よりも印象的だったのは、会場にデフサッカー日本代表選手を応援するために、たくさんのサポーターが駆け付けていたことだった。デフサッカーの認知度はあまり高くはないと思っていたので、こんなにも多くの人を魅了するデフサッカーの可能性に僕は驚いたのだった。

その一方で気になったのが、気温の高さだった（7月29日に行われた試合だった）。試合開始は午前10時頃だったが、その時点で気温は33度を優に超えていた。僕は普段、午前中は外で活動しないので、前半終了時には熱のせいで頭がボーっとしてしまった。

僕の知人は少年チームで長い間コーチをしているのだが、子供たちは気温が35度を超える中でも試合に参加しなければならないという。そのため体調を悪くする子供も時々いるそうだ。

熱中症は命を落とすおそれもあるのはニュースなどで報道されているとおりだ。プレイをする子供だけでなく、監督やスタッフ、そして応援するために来ている保護者にとっても危険だ。何かあってからでは遅いので、試合時間を変更するよう大会を運営する関係者に訴えても「勝手なことはできない」と嫌な顔で突き返されることもあるそうだ。

デフサッカーの試合に参加した日から数日後、たまたま夜のニュースを見ていたところ、夏の異常な暑さが原因で熱中症になる中高生や子供たちが増えているということを知った。中には部活を終えて学校から家に帰る通学路で倒れてそのまま亡くなってしまった子もいるという。

僕が子供の頃、どんなに暑くても、せいぜい32~33度くらいだったと記憶している。ところが近年は40度近い気温が当たり前になってきた。人間の体温よりも高いのだ。高温多湿の東南アジアでもこれほど気温は上昇しない。むしろUAEやカタールといった中東地域の気温に近いだろう。だが、中東は湿度が高くないので、日本のこの超高温多湿は世界一危険な暑さだと言ってもよいだろう。

では東南アジアや中東の子供や大人たちは暑い中でどのような生活を送っているのだろうかと調べてみた。すると、そのような地域に暮らす人たちは、日中は外で運動しない。早朝か夕方以降の涼しい時間帯で運動やスポーツを楽しむそうだ。日本でも、スポーツをする・観る両方の楽しみを確保するためには、これまで当たり前だった夏場の日中（10時~16時）に練習や試合を行うのをやめて、早朝や夕方以降に行うように変える時が来ていると強く思う。事実、Jリーグの試合は6月下旬頃になると試合開始時刻は18時か19時になる。

夜間に試合を行うとなると、その分、昼間よりも電力がより必要になる。今後は夜になっても気温があまり下がらない日も多くなると思うので、試合会場に冷房施設が常備される日も近いかもしれない（2022年に開催されたFIFAワールドカップの会場では暑さ対策のために冷房が備え付けられた）。しかし、電力は自然発生するわけではない。貴重な資源から得られるものだ。資源エネルギーを大切にしなくてはならないのは承知しているが、一方で人間の命以上に大事なものはない。夏場に行われる試合は「人命」を取るか、「地球環境」を取るか、非常に悩ましい。これからはこの2つを考慮しながらの夏の試合開催が望まれる。

僕が今、心から願っていることは、スポーツをする人、スポーツの試合を観る人、スポーツの世界を支える人の喜びを奪わない、楽しさを奪わない、そして命を奪わないでほしいということである。僕に何ができるのかわからないが、スポーツに関わるすべての笑顔が奪われないための活動や発信はこれからも続けていきたい。この本はその願いを叶える1つになると思っている。

ここまで読んでくださった読者の皆さん、いかがでしたか。「家本ってこんなことを考えていたのか」と思われているかもしれない。もしくは「家本はイメージ通りの人間だな」と思った方もいるかもしれない。この本には僕が考えていることをすべて盛り込んだ。15の信条は僕を形成している要素そのもので、これらがなければ「家本政明」は完成しないと思っている。15の信条のうち、どれか1つでも皆さんの参考になるものがあれば、そして心の支えになる言葉を贈ることができたら、この上ない喜びである。

そして最後に。僕のことをどんな時も見守ってくれる妻に「ありがとう」の言葉を100、いや、1000回くらい伝えたい。そしていつも元気を与えてくれる娘と息子にも「ありがとう」。いつも親身になって相談にのってくださった夏嶋隆先生、「ありがとうございます」。厳しくかつ温かく育ててくれた両親に「ありがとう」。最後の最後に……。サッカーとサッカーを愛する人たちすべてに「ありがとう」。

2023年8月

家本政明

家本政明

1973年広島県福山市生まれ。同志社大学経済学部卒業。グロービス経営大学院修了。96年にサッカー1級審判の資格を全国最年少で取得。2002年からJ2リーグ、04年からJ1リーグで主審を担当。05年からプロ審判となり、国際審判にも選出。10年に日本人で初めて英国ウェンブリー・スタジアムで試合を担当。11年に英国初の外国籍審判としてFAカップの試合を担当。21年に現役引退。国際試合は100試合以上、Jリーグでは歴代最多516試合の主審を担当。著書に『主審告白』(東邦出版)、『「最悪」の汚名を返上した主審 家本政明の未来を変えるポジティブメッセージ』(天夢人)。

逆境を味方につける
日本一嫌われたサッカー審判が大切にしてきた15のこと

2023年10月11日 初版第1刷発行

著者 家本政明
発行者 下中順平
発行所 株式会社平凡社
〒101-0051
東京都千代田区神田神保町3-29
電話 03-3230-6573［営業］
平凡社ホームページ https://www.heibonsha.co.jp/

印刷 株式会社東京印書館
製本 大口製本印刷株式会社
デザイン 三浦逸平
カバー写真 三浦孝明
カバー撮影協力 調布市 映画のまち調布
編集 平井瑛子(平凡社)

【お問い合わせ】
本書の内容に関するお問い合わせは
弊社お問い合わせフォームをご利用ください。
https://www.heibonsha.co.jp/contact/

ISBN 978-4-582-62704-6

落丁・乱丁本のお取り替えは小社読者サービス係まで直接お送りください
(送料は小社で負担いたします)。